westermann

AF641549

PASSWORT

LUPE

Erarbeitet von
Olesia Belenko
Ursula Emanuel
Marie-Claire Kirchhoff
Kerstin Schöning

Unter wissenschaftlicher Beratung von
Prof. Dr. Tabea Becker

Illustriert von
Cesare Asaro
Matthias Berghahn
Zapf

4

Sprachbuch

INHALT

INHALT

Tipps zum Schreiben und Lernen 119–140

Wörterliste 141–155

› Kompetenzen der Seite

› Verweis zum Arbeitsheft
› Verweis auf Erklärvideos
› Impulse zur Medienbildung

Das sind wir …

Ich heiße Elsa.
Mein kleiner Hund Uno folgt mir auf Schritt und Tritt – außer wenn ich in die Schule gehe. Dann bleibt er natürlich zu Hause.

Hallo, ich heiße Lulu.
Meine Hobbys sind Malen und Judo. Außerdem macht es mir Spaß, spannende Rätsel zu lösen und Neues zu entdecken.

Hi, ich bin Paul.
Ich finde gern heraus, wie Dinge funktionieren. Das hilft uns auch manchmal bei unseren Fällen. Meine allerbeste Freundin ist meine Hündin Murmel.

Hallo, ich bin Umut!
Ich erzähle voll gern Geschichten – besonders über unsere Detektivabenteuer. Unsere Fälle sind nämlich oft richtig cool!

Kapitel 1

leben – lernen – respektieren

der Computer
die Lupe
das Lexikon
die Kinder

Eine Lupe ist ein Vergrößerungsglas. Sie besteht aus einer Linse und einem Griff. Vor über 900 Jahren entwickelte ein arabischer Wissenschaftler die Lupe, um kleine Dinge zu vergrößern.

Die Kinder informieren sich genau über die Erfindung der Lupe. Seite 135

Einen Sachtext planen

1 Lies die Fragen der Detektive genau.

2 Über welche Erfindung möchtest du mehr erfahren? Überlege dir, was du wissen möchtest. Schreibe Fragen auf.

3 Überlege, woher du Antworten auf deine Fragen erhältst und recherchiere mit Hilfe deiner Fragen.

Seite 119

4 Notiere dir Antworten zu deinen Fragen.

Seite 119

ähnlich	das Band	krumm	das Gefühl
das Beispiel	die Antwort	interessant	das Internet
häufig	die Medien	die Quelle	richtig
schwierig	das Thema	ungefähr	wichtig
informieren	das Lexikon	sammeln	wissen

Seite 136

Notizen für eigene Sachtexte nutzen

1 Was machen Umut und Paul?

Was ist eine Lupe?
- ein Vergrößerungsglas

Wozu braucht man eine Lupe?
- um kleine Schrift zu lesen
- um sich kleine Dinge genau anzusehen
- um kleine Pflanzen und Lebewesen zu beaobachten

2 Schreibe aus deinen Notizen einen kurzen Sachtext.

Seite 119

3 Tausche dich mit einem Partnerkind aus. Frage, ob dein Sachtext gut verständlich ist und etwas Neues und Interessantes enthält.

Seite 134

ACHTUNG ACHTUNG ACHTUNG

Wenn ich einen **Sachtext** zu einem Thema schreiben möchte, dann

- stelle ich eigene **Fragen** zum Thema.
- **recherchiere** ich zu meinen Fragen.
- mache ich mir **Notizen** zu meinen Fragen.
- **ordne** ich die Notizen und formuliere **Sätze**.

Seite 119

Nomen erkennen

1 Worüber wundert sich Elsa?

2 Lies den Text.

Mit einem mikroskop kann man dinge vergrößern. Zum glück kamen menschen auf die idee, mehrere lupen hintereinander zu legen. So kam es zur erfindung des mikroskops.
Es ist eine hilfe für die forschung und die medizin.

3 Überlege, welche Wörter Nomen sind.
Mache dafür die Schiebewortprobe im Kopf.

4 Schreibe den Text richtig auf.
Achte auf die Großschreibung.

5 Kreise alle Nomen in deinem Text ein
und vergleiche mit einem Partnerkind.

ACHTUNG ACHTUNG ACHTUNG

So gehen wir vor:

Wenn ich vor einem Wort ein **Schiebewort** einfügen kann, dann ist es ein **Nomen** und ich muss es **großschreiben**.

N↑

› Merkmale von Nomen kennen und anwenden
› grammatisches Wissen für die Rechtschreibung nutzen
› Leistungen von Wortarten untersuchen

› Arbeitsheft, Seite 10

Nomen kennen

1 Worüber sprechen die Detektive?

2 Arbeite mit einem Partnerkind zusammen.
Wählt drei Nomen von oben aus und nennt die Merkmale.

3 Finde die Nomen im Text. Nenne zu jedem Nomen die Merkmale.
Schreibe so: Linse: die Linse, die Linsen, Ding, die runde Linse, …
Vergleiche mit einem Partnerkind.

> Eine Lupe besteht aus einer Linse und einem Griff.
> Die Erfindung gibt es schon seit vielen Jahren. Sie hilft uns, kleine Dinge größer zu sehen, und wird als Sehhilfe genutzt.

4 Welche Merkmale von Nomen treffen auf die Wörter zu?
Welche nicht? Schreibe die Wörter in eine Tabelle.

Artikel	Einzahl/Mehrzahl	Schiebewortprobe
der Sand	…	der heiße Sand

Sand Laub Leute Obst Eltern Milch Geschwister

Pronomen kennenlernen

Liebe Detektive,
ihr müsst mir unbedingt helfen. Er wurde aus meinem Garten gestohlen. Er hat ein liebes Gesicht und eine rote Mütze. Außerdem trägt er eine blaue Hose und einen grünen Pullover. Er ist sehr wertvoll für mich, denn er war ein Geschenk meiner Oma.
Bitte helft mir.
Eure Frau Riese

1 Warum wissen nicht alle Detektive, von wem Frau Riese spricht?

2 Überlege, von wem Frau Riese spricht, und setze das Wort anstelle von **er** ein.

3 Schreibe den Brief so auf, dass ein anderes Kind besser versteht, über wen Frau Riese schreibt.

ACHTUNG ACHTUNG ACHTUNG

Das haben wir herausgefunden!

Es gibt Wörter, die ein Satzglied ersetzen können. Diese Wörter heißen **Pronomen.**

Der Mann ist groß. → **Er** ist groß.

Paul und ich lesen gern. → **Wir** lesen gern.

Lulu und Elsa sind Freundinnen. → **Sie** sind Freundinnen.

› sprachliche Operationen kennen und nutzen: Ersetzen
› Leistungen von Wortarten untersuchen
› grundlegende sprachliche Begriffe kennen: Pronomen

› Arbeitsheft, Seite 11

Nomen kennen: Geschlecht

1 Warum ist Paul verwirrt?

2 Setze passende Pronomen ein. Schreibe den Text auf.

> **Die Brille** ist ein Gestell aus Plastik oder Metall und zwei Gläsern. Man trägt ▢ vor den Augen auf der Nase. Die Bügel gehen über die Ohren, damit ▢ nicht herunterfällt.

3 Überlege, wo besser kein Pronomen eingesetzt werden sollte. Schreibe den Text so auf, dass man ihn eindeutig versteht.

> Das Kind hat ein Telefon gefunden. Es ist sehr klein. Es ist schon ein paar Jahre alt. Man kann es in der Mitte auseinanderklappen. Oben hat es einen Lautsprecher und unten ein Mikrofon. So etwas hat es noch nie gesehen!

ACHTUNG ACHTUNG ACHTUNG

Das haben wir herausgefunden!

Nomen sind **männlich**, **weiblich** oder **sächlich**.
Das erkennt man am bestimmten Artikel in der Einzahl.

Der Baum ist groß. → männlich, also: Er ist groß.
Die Tasche ist groß. → weiblich, also: Sie ist groß.
Das Auto ist groß. → sächlich, also: Es ist groß.

› Merkmale von Nomen kennenlernen: Geschlecht
› sprachliche Operationen kennen und nutzen: Ersetzen
› grundlegende sprachliche Begriffe kennen: Geschlecht

› Arbeitsheft, Seite 12

Männliche Nomen kennen: Fälle bestimmen

1 Welches Problem hat Elsa?
Tausche dich mit einem Partnerkind aus.
Was verändert sich am Artikel und am Nomen?

- Nominativ-Fall: **Der Detektiv** ist klug.
- Akkusativ-Fall: Ich sehe **den Detektiv.**
- Dativ-Fall: Ich begegne **dem Detektiv.**
- Genitiv-Fall: Die Freude **des Detektivs** ist riesig.

2 Verwende die Sätze mit anderen Nomen.
Suche dir zwei Nomen aus
und schreibe die Sätze untereinander.

der Zeuge   der Polizist   der Mann   der Vater   der Hund

3 Kreise die Artikel und die Nomen ein
und vergleiche mit einem Partnerkind.
Was verändert sich? Achtet auch auf die Nomen.

ACHTUNG ACHTUNG ACHTUNG

Das haben wir herausgefunden!

Nomen können im Satz unterschiedlich verwendet werden. Die vier Möglichkeiten heißen **Fälle.**
Den Fall erkennt man bei **männlichen Nomen** am **bestimmten Artikel**. Mit den **Beispielsätzen** kann ich bei männlichen Nomen den Fall bestimmen. Ich probiere aus, in welchen Beispielsatz das Nomen passt.
Das ist die **Fallprobe.**

› Merkmale von Nomen kennenlernen: Fall
› sprachliche Operationen kennen und nutzen: Einsetzen
› grundlegende sprachliche Begriffe kennen: Fall

› Arbeitsheft, Seite 13

Weibliche Nomen kennen: Fälle bestimmen

1 Welches Problem hat Paul?
Tausche dich mit einem Partnerkind aus.
Was verändert sich am Artikel?

- Nominativ-Fall: **Die Zeugin** ist klug.
- Akkusativ-Fall: Ich sehe **die Zeugin.**
- Dativ-Fall: Ich begegne **der Zeugin.**
- Genitiv-Fall: Die Freude **der Zeugin** ist riesig.

2 Verwende die Sätze mit anderen Nomen.
Suche dir zwei Nomen aus
und schreibe die Sätze untereinander.

die Frau die Polizistin die Mutter die Katze die Blume

3 Kreise die Artikel und die Nomen ein
und vergleiche mit einem Partnerkind.
Verändert sich das Nomen?

ACHTUNG ACHTUNG ACHTUNG

Das haben wir herausgefunden!

Bei **weiblichen Nomen** verändert sich
der bestimmte Artikel in den vier Fällen:

Nominativ-Fall: die Zeugin
Akkusativ-Fall: die Zeugin
Dativ-Fall: der Zeugin
Genitiv-Fall: der Zeugin

Sächliche Nomen kennen: Fälle bestimmen

1 Welches Problem hat Lulu?
Tausche dich mit einem Partnerkind aus.
Was verändert sich am Artikel und am Nomen?

- Nominativ-Fall: **Das Kind** ist klug.
- Akkusativ-Fall: Ich sehe **das Kind.**
- Dativ-Fall: Ich begegne **dem Kind.**
- Genitiv-Fall: Die Freude **des Kindes** ist riesig.

2 Verwende die Sätze mit anderen Nomen.
Suche dir zwei Nomen aus und schreibe die Sätze untereinander.

das Schaf das Buch das Sofa das Flugzeug das Baby

3 Kreise die Artikel ein und vergleiche mit einem Partnerkind.
Verändert sich das Nomen?

4 Bestimme, in welchem Fall das Nomen **Kind** in den Sätzen verwendet wird.

Das Kind will schnell nach Hause. Fünf Minuten später folge ich dem Kind. An der Straßenecke sehe ich das Kind. Zu Hause beantworte ich die Fragen des Kindes.

ACHTUNG ACHTUNG ACHTUNG

Das haben wir herausgefunden!

Bei **sächlichen Nomen** verändern sich bestimmter Artikel und Nomen in den vier Fällen:

Nominativ-Fall: das Kind
Akkusativ-Fall: das Kind
Dativ-Fall: dem Kind
Genitiv-Fall: des Kindes

› Merkmale von Nomen kennenlernen: Fall
› sprachliche Operationen kennen und nutzen: Einsetzen
› grundlegende sprachliche Begriffe kennen: Fall

› Arbeitsheft, Seite 15

Nomen kennen: Fälle bestimmen

1 Welches Problem hat Umut? Lies die Sätze.
Was verändert sich am Artikel und am Nomen?

- Nominativ-Fall: **Die Detektive** sind klug.
- Akkusativ-Fall: Ich sehe **die Detektive.**
- Dativ-Fall: Ich begegne **den Detektiven.**
- Genitiv-Fall: Die Freude **der Detektive** ist riesig.

2 Verwende die Sätze mit anderen Nomen.
Suche dir zwei Nomen aus und schreibe die Sätze untereinander.

die Zeuginnen die Polizisten die Männer die Frauen
die Hunde die Schafe die Kinder die Lehrer

3 Kreise die Artikel ein und vergleiche mit einem Partnerkind.

4 Wie heißen die Beispielsätze in anderen Sprachen?
Gibt es in diesen Sprachen auch Fälle?
Tauscht euch aus und fragt Experten für andere Sprachen.

ACHTUNG ACHTUNG ACHTUNG

Das haben wir herausgefunden!

Bei **Nomen in der Mehrzahl** verändern sich bestimmter Artikel und Nomen in den vier Fällen:

Nominativ-Fall: die Detektive
Akkusativ-Fall: die Detektive
Dativ-Fall: den Detektiven
Genitiv-Fall: der Detektive

› Merkmale von Nomen kennenlernen: Fall
› sprachliche Operationen kennen und nutzen: Einsetzen
› grundlegende sprachliche Begriffe kennen: Fall

› Arbeitsheft, Seite 15

Nomen erkennen und großschreiben

1 Was fällt Elsa an dem Satz auf?

2 Verbessere den Satz und führe die Schiebewortprobe mit **tolle/tollen** durch.

3 Verbessere die Sätze mit Hilfe der Schiebewortprobe und schreibe sie auf.

Murmel kann mit ihrer nase bei der suche helfen.
Lulu schreibt gern berichte in das detektivtagebuch.
Paul findet auch in der dunkelheit oft hinweise.
Er löst jeden fall. Umut zeichnet bilder zu den fällen
in das tagebuch. Elsa macht viele fotos vom tatort.
Sie klebt die bilder neben die kurzen sätze.

4 Schreibe zwei eigene Sätze ohne Großschreibung wie in Aufgabe 3 und tausche sie mit einem Partnerkind. Verbessert gegenseitig eure Sätze und schreibt sie richtig auf.

› Merkmale von Nomen kennen und anwenden
› grammatisches Wissen für die Rechtschreibung nutzen
› Rechtschreibstrategien verwenden: Schiebewortprobe

› Arbeitsheft, Seite 16

Nomen erkennen und großschreiben

1 Welches Problem hat Umut?
Tausche dich mit einem Partnerkind aus.
Überlegt, wie ihr das Problem lösen könnt.

2 Überlege, wie das Wort geschrieben wird.
Tausche dich mit deinem Partnerkind aus. Nutzt Lulus Tipp.

3 Entscheide, ob die Wörter großgeschrieben werden.
Schreibe die Sätze richtig ab.

Das S/spannende an Detektivarbeit ist die Spurensuche.
Umut ist immer A/aufgeregt, wenn die Detektive ermitteln.
Das S/spielen mit ihrem Hund macht Elsa großen Spaß.
Das L/leckere an einer Pizza ist der Käse obendrauf.
Paul findet Witzebücher besonders L/lustig.
Im Sportunterricht liebt Lulu das R/rennen.

› Merkmale von Nomen kennen und anwenden
› grammatisches Wissen für die Rechtschreibung nutzen
› Rechtschreibstrategien verwenden: Schiebewortprobe

› Arbeitsheft, Seite 17, 18

Wörter nachschlagen

1 Wie kannst du herausfinden, wie Wörter richtig geschrieben werden?

2 Schlage die Wörter in der Wörterliste nach und schreibe sie richtig auf.

Seite 138

3 Ordne die Wörter nach dem Alphabet. Kontrolliere mit der Wörterliste.

Seite 138

Rede	rennen	Reh	reisen	Rosine
Regenwurm	Rechnung	Radio	Ruhe	

4 Hier haben sich Fehler eingeschlichen! Schlage die zusammengesetzten Nomen in der Wörterliste nach. Schreibe sie richtig auf.

Seite 138

Wolkenhimel
Fußballkabiene
Pinuinschnabel
Rollschue

Wörter nachschlagen

1 Suche das Wort in der Wörterliste.
Schreibe es mit seinen Nachbarwörtern auf.

Seite 138

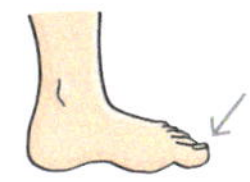

2 Warum ist es schwierig, diese Wörter sicher nachzuschlagen?
Tausche dich mit einem Partnerkind aus.

_lown _orhang _reund _ampir _ernseher _omputer _amel

3 Schlage die Wörter nach und schreibe sie auf.
Kreise den Anfangsbuchstaben ein.

4 Suche die Verben in der Wörterliste.
Schreibe so: gehen – ging, ...

ging fuhr rannte spielte aß

Seite 138

5 In jedem Satz haben sich Fehlerwörter versteckt.
Finde die Fehlerwörter,
schlage sie in der Wörterliste nach
und schreibe die Sätze richtig auf.

Seite 138

Elsa liest einen spannenden Komic über einen Banckraub.
Die Dedektive entwikelten einen Plan,
um den Räuber zu verfolgen.
Umut schaut gern Wampirfilme im Vernsehen.
Paul liept Zepras und besucht sie gern im Zoh.

Sachtexte überarbeiten

1 Was sollte Elsa an ihrem Sachtext ändern? Tausche dich mit einem Partnerkind aus und verbessert gemeinsam Elsas Text.

Was ist eine Lupe?
- ein Vergrößerungsglas

Wer hat sie erfunden?
- Erfinder: Abu Ali al-Hasan

Wozu braucht man eine Lupe?
- um kleine Dinge zu vergrößern
- um etwas sehr Kleines zu beobachten oder besser zu sehen, z. B. Schrift, Tiere, Pflanzen

Die Lupe ist ein Vergrößerungsglas.
Abu Ali al-Hase hat sie erfunden.
Man kann die Lupe gut gebrauchen.
Ich finde, sie ist eine supertolle
Erfindung.

Bist du sicher, dass du den Namen des Erfinders richtig geschrieben hast? Und wofür kann man die Lupe denn gebrauchen?

2 Überprüfe deinen Sachtext und überarbeite ihn. Nutze die Checkliste.

Checkliste
- Mein Text enthält alle wichtigen Informationen.
- Mein Text ist gut verständlich.
- Ich bin bei der Sache geblieben.
- Ich habe die Rechtschreibung geprüft, besonders Nomen und Fachbegriffe.

Seite 119

Sachtexte präsentieren

1 Wie hat Elsa das Info-Blatt gestaltet?

Zu diesen Fragen habe ich recherchiert:

1. Was ist eine Lupe?
2. Wer hat die Lupe erfunden?
3. Woraus besteht die Lupe?
4. Wofür kann man die Lupe gebrauchen?

1. Eine Lupe ist ein Vergrößerungsglas.
   Sie besteht aus ...

2 Gestalte ein Info-Blatt zu deinem Thema. Seite 129
Nutze deinen Sachtext. Seite 131

3 Gestalte eine Info-Box zu deinem Thema und präsentiere sie in der Klasse. Seite 129

UNTER DER LUPE

N↑

1 Lies den Lupentext.

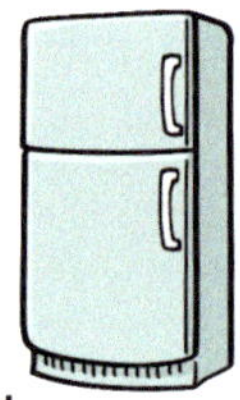

Die Entwicklung des Kühlschranks war für die Menschen eine wichtige Erfindung. Früher konnten <u>die Menschen</u> ihre Lebensmittel nur kurz im Keller oder in Eisschränken kühlen. Heute gibt es den Kühlschrank, um die Haltbarkeit der Lebensmittel zu verlängern. <u>Der Kühlschrank</u> arbeitet mit einer Pumpe und einem Motor. Die Kühlschränke benötigen also
Seite 139 Elektrizität. <u>Viele Kühlschränke</u> haben auch ein Gefrierfach.
Seite 138 Die Kälte ist dort noch viel größer als im Kühlschrank.

2 Finde alle Nomen und schreibe sie auf.

3 Notiere für jedes Nomen, ob es männlich, weiblich oder sächlich ist.

4 Ersetze die unterstrichenen Satzglieder durch passende Pronomen und schreibe die Sätze ab.

5 Schreibe Sätze mit den Nomen in den vier Fällen.

der Kühlschrank
die Kälte
das Gefrierfach

Wenn du Hilfe brauchst, schaue auf Seite 14, 15 und 16.

› Übungsformen selbstständig nutzen
› über Fehlersensibilität und Rechtschreibgespür verfügen
› an Wörtern und Texten arbeiten

› Arbeitsheft, Seite 21, 22

1 Lies die Sätze und überlege, wie die Wörter heißen.
Schlage sie in der Wörterliste nach und schreibe sie auf. Seite 138

Im So_er geht Elsa gern ins M_r mit ihren neuen
Schwi_flo_en und ihrer gro_en Taucherbri_e baden.
So kann sie v_le bunte Fische en_de_en.

2 Schreibe die Sätze ab und kreise die Satzglieder ein.

Gestern erhielt die Polizistin einen wichtigen Hinweis.
Ein Dieb wurde im Einkaufszentrum gesehen.
Ein Zeuge konnte den Täter beschreiben.
Die Polizistin und der Kollege schnappten den Täter.
Am Ende nahm die Polizei den Dieb fest.

3 An welchen Stellen kannst du die Satzglieder durch ein Pronomen ersetzen? Schreibe den Text mit Pronomen auf.

Die Detektive beobachten **die Diebe** bei der Arbeit. **Die Detektive** wollen **die Diebe** fangen. **Die Diebe** schleichen um den Kiosk. **Die Detektive** schleichen hinterher und machen Fotos. **Die Diebe** entdecken **die Detektive** nicht. **Die Detektive** haben sich hinter einem Strauch versteckt. Heute ist der Kiosk geschlossen. **Die Diebe** verschwinden.

4 Wähle drei Wörter aus dem Kasten aus und nimm sie unter die Lupe. Schreibe alles auf, was du über die Wörter weißt. Seite 136

Sommer lernen frei Strand Schwimmbad windig

Detektivwissen überprüfen

- recherchieren und einen Sachtext schreiben
- Pronomen kennen und verwenden
- Nomen in den vier Fällen kennen
- Wörter nachschlagen

Seite 140

	richtig	falsch
Ich kenne mich aus mit Nomen und Pronomen.		
Pronomen ersetzen Satzglieder.	L	8
Nomen mit dem Artikel **das** sind sächlich.	+	=
Ich kenne mich aus mit Nomen und ihren Fällen.		
Nomen stehen im Satz in einem bestimmten Fall.	#	!
Den Fall erkennt man immer am Verb.	/	&
Ich kann Wörter nachschlagen und richtig schreiben.		
In der Wörterliste stehen nur Wörter mit drei Silben.	N	G
Die Wörterliste ist alphabetisch geordnet.	:	(

› über Lernerfahrungen sprechen
› eigenen Lernstand einschätzen und Lernschritte planen
› Lernergebnisse präsentieren

Schaue zuerst auf Seite 140!

Kapitel 2

essen – bewegen – genießen

Wir erleben den Wald mit unseren Sinnen und genießen die Natur.

Seite 135

Eine Anleitung kennenlernen und planen

1 Schreibe auf, was die Kinder für einen Barfußpfad brauchen.

Seite 120

2 Schreibe auf, wie man vorgehen soll.
Schreibe so: Fülle zuerst …

Seite 120

einfüllen	der Chor	der Pfad	barfuß
das Material	das Theater	ziehen	der Erfolg
das Maß	vertrauen	das Fest	schütteln
die Kastanie	der Druck	der Ballon	die Länge
die Größe	die Öffnung	fühlen	jonglieren

Seite 136

› sprachliche Mittel sammeln und ordnen
› informierenden Text verfassen: Anleitung
› Wortschatz erweitern und selbstständig üben

› Arbeitsheft, Seite 24, 25

Eine Anleitung planen und schreiben

1 Sieh dir die Bilder genau an.

2 Schreibe auf, welche Materialien und welche Werkzeuge man braucht. Schreibe so: Materialien: 2 Luftballons, …
Werkzeuge: …

3 Erzähle einem Partnerkind, was man nacheinander tun muss. Seite 134

4 Schreibe auf, wie man vorgehen soll.

5 Stelle Jonglierbälle nach deiner Anleitung her. Seite 120

› sprachliche Mittel und Ideen sammeln und ordnen
› informierenden Text verfassen: Anleitung
› adressatengerecht formulieren

› Arbeitsheft, Seite 25

Adjektive kennen: Vergleichsformen

1 Beschreibe die Seifenblasen mit dem Adjektiv **groß** und vergleiche. Schreibe so: Elsas Seifenblase ist …

2 Trage die Grundform der Adjektive in eine Tabelle ein. Ergänze die fehlenden Formen. Kontrolliere mit der Wörterliste.

Seite 138

Grundform	1. Vergleichsform	2. Vergleichsform

dünn	krumm	klug	lang	laut	riesig
alt	hoch	gut	nah	schnell	komisch

3 Vergleiche die Dinge und schreibe Sätze. Schreibe so:
Die Banane ist krummer als …
Überlege dir auch eigene Vergleichssätze.

Wenn ich zwei Dinge vergleiche, die gleich sind, dann benutze ich wie.
Wenn ein Ding anders ist als das andere, dann heißt es als.

ACHTUNG ACHTUNG ACHTUNG

Das haben wir herausgefunden!

Mit Adjektiven kann man vergleichen, sie haben **Vergleichsformen**.
Uno ist groß. Murmel ist größer.
Der Elefant ist am größten.

Adjektive zusammensetzen

1 Wie drückt sich Elsas Mutter aus?

2 Welche Adjektive kannst du zusammensetzen? Schreibe auf.

leicht schnell reich dumm
kalt weich weiß klar
schwarz grau bleich scharf

3 Lies den Text. Achte auf die Adjektive.
Ersetze die Adjektive durch zusammengesetzte Adjektive.
Schreibe den Text auf.

Gestern fuhr Paul mit seinem schnellen Rolli durch die schwarze Nacht. Plötzlich stand ein bleiches Gespenst vor ihm. Paul konnte ihm gerade noch scharf ausweichen. Vor Schreck wurde ihm kalt. Leicht schwebte das Gespenst auf ihn zu und riss sein weißes Gewand zu Seite. Da erkannte Paul Umut, der sich einen dummen Scherz erlaubt hatte.

4 Lies den neuen Text. Was fällt dir auf?
Tausche dich mit einem Partnerkind aus.

ACHTUNG ACHTUNG ACHTUNG

Das haben wir herausgefunden!

Wenn man die Wirkung eines Adjektivs **verstärken** will, dann kann man es mit einem passenden Nomen zusammensetzen.
leicht wie eine Feder → federleicht

› mit Sprache experimentell und spielerisch umgehen
› Möglichkeiten der Wortbildung kennen und nutzen
› Leistungen von Komposita untersuchen

› Arbeitsheft, Seite 27

Aufzählungen kennenlernen: Doppelpunkt, Komma

1 Lies das Plakat.

2 Was ist wichtig, wenn du etwas aufzählst? Welche Satzzeichen brauchst du? Tausche dich mit einem Partnerkind aus.

> **Großes Schulhoffest**
>
> am nächsten Samstag ab 15 Uhr!
>
> Essen und Getränke: Salate, Börek, Waffeln, Kuchen, Saft, Wasser, Kaffee
>
> Spiele: Sackhüpfen, Ringe werfen, Gold schürfen, jonglieren, zaubern
>
> Vorführungen: Theater, Zaubershow, Konzert des Grundschulchors

3 Schreibe zu jedem Oberbegriff eine Aufzählung. Trenne die Wörter mit einem Komma.

- Inhalt meiner Sporttasche: T-Shirt, Sporthose, ...
- Meine Hobbys: ...
- Zutaten für Pfannkuchen: ...

4 Schreibe zu jedem Oberbegriff eine Aufzählung. Trenne die Wortgruppen mit einem Komma.

- Meine Lieblingskleidung: rotweißer Pullover, coole Cargohose, bequeme Sneaker, ...
- Inhalt meiner Schultasche: langes Lineal, ...

ACHTUNG ACHTUNG ACHTUNG

Das haben wir herausgefunden!

Wenn man Informationen **übersichtlich ordnen** will, dann kann man sie aufzählen. Man nennt zuerst das Oberthema und setzt einen **Doppelpunkt**. Dann schreibt man nacheinander die **Wörter oder Wortgruppen** auf und trennt sie mit einem **Komma**.

Meine ❤-Bücher: Sachbücher, spannende Krimis, lustige Comics, Mangas

› grundlegende sprachliche Begriffe kennen: Aufzählung, Komma
› Zeichensetzung beachten

› Arbeitsheft, Seite 28

Aufzählungen kennenlernen: Sätze, Komma

1 Lies Lulus Brief. Was könnte sie verbessern? Welche **und**/**oder** könnte sie weglassen? Welche nicht? Überlege mit einem Partnerkind.

Lieber Papa,
Paul und ich wollen für das Schulfest Pancakes backen. Wir brauchen Mehl und Backpulver und Milch und Salz und Zucker und Öl. Für den Belag wollen wir Apfelmus oder Ahornsirup oder Marmelade nehmen. Kannst du die Zutaten vom Einkaufen mitbringen?

Deine Lulu

2 Schreibe den Brief verbessert auf. Kreise die Kommas ein.

3 Lies die Sätze. Schreibe sie verbessert auf.

> Die Kinder wollen auf dem Schulfest frische Salate und leckere Bratwurst und heiße Waffeln und vegetarisches Börek anbieten. Es soll süße Limo und kalten Saft und frisches Wasser und heißen Kaffee zu trinken geben. Auf dem Flohmarkt dürfen alte Bücher und gebrauchtes Spielzeug und gewaschene Kuscheltiere verkauft werden.

ACHTUNG ACHTUNG ACHTUNG

Das haben wir herausgefunden!

Wenn man in einem **Satz** etwas aufzählt, dann setzt man zwischen den Wörtern oder Wortgruppen ein **Komma**. Das letzte Wort oder die letzte Wortgruppe verbindet man mit **und** oder **oder**. Davor setzt man **kein** Komma.
Ich mag Eis, Salat, leckeren Kuchen und Äpfel.

Sätze verbinden: Konjunktionen

1 Worin unterscheiden sich die Sätze? Überlegt gemeinsam.

Lulu und Paul verkaufen auf dem Schulfest sehr viele Pancakes. Die Pancakes schmecken sehr lecker.
Bei der Theatervorstellung beginnt es plötzlich zu regnen. Die Schauspieler und die Zuschauer laufen schnell ins Schulgebäude.
Am Ende des Schulfestes muss der ganze Schulhof aufgeräumt werden. Alle helfen mit.

Lulu und Paul verkaufen auf dem Schulfest sehr viele Pancakes, denn die Pancakes schmecken sehr lecker.
Bei der Theatervorstellung beginnt es plötzlich zu regnen, deshalb laufen die Schauspieler und die Zuschauer schnell ins Schulgebäude.
Am Ende des Schulfestes muss der ganze Schulhof aufgeräumt werden, aber alle helfen mit.

Manchmal gibt es mehrere Möglichkeiten. Wie ändert sich die Bedeutung?

2 Probiere aus, wie du die Sätze mit einer Konjunktion verbinden kannst. Schreibe die Sätze auf.

Lulu rührt einen Teig.	Er hat Durst.
Paul hört nicht dem Chor zu.	Sie will Pancakes backen.
Umut kauft sich Limonade.	Sie verdient Geld für neue Bücher.
Elsa verkauft ihr altes Spielzeug.	Er schaut sich die Zaubershow an.

ACHTUNG ACHTUNG ACHTUNG

Das haben wir herausgefunden!

Sätze kann man mit einer **Konjunktion** (Bindewort) verbinden. **Zwischen den Sätzen** steht ein **Komma**.
Alle Kinder sind glücklich und zufrieden, **weil** es ein gelungenes Fest war.

› grundlegende sprachliche Begriffe kennen: Nebensatz, Komma, Konjunktion
› Zeichensetzung beachten

› Arbeitsheft, Seite 30

Sätze verbinden: Konjunktion dass

1 Lies die Sätze und achte auf die Verben vor dem **dass**.
Welche Bedeutung haben sie?

Umut sagt, **dass** Elsa manchmal eine Quasseltante ist.
Lulu meint, **dass** Umut frech ist.
Paul glaubt, **dass** Elsa einfach gern Geschichten erzählt.
Elsa behauptet, **dass** sie die meisten Geschichten kennt.
Lulu weiß, **dass** Elsa Recht hat.
Umut gibt zu, **dass** er Elsas Geschichten gern hört.
Paul hofft, **dass** Elsa Umut nicht böse ist.

2 Schreibe Sätze, die mit diesen Verben beginnen.
Schreibe so:
Ich meine, dass …
Ich hoffe, dass …

Dass ist auch eine Konjunktion.
Achte auf die Schreibweise
von dass nach dem Komma.

3 Schreibe mit den Verben Sätze,
in denen du die Konjunktion **dass** verwendest.

befürchten	vermuten	wünschen	wollen
möchten	denken	glauben	meinen

ACHTUNG ACHTUNG ACHTUNG

Das haben wir herausgefunden!

Mit manchen Verben kann man in Sätzen eine **Wahrnehmung**, ein **Gefühl**, einen **Gedanken**, einen **Willen** oder sein **Wissen** ausdrücken.
Diese Sätze kann man mit der Konjunktion **dass** mit einem weiteren Satz verbinden. So sagt man, was man meint, denkt, will oder weiß.
Ich glaube, dass morgen die Sonne scheint.

› grundlegende sprachliche Begriffe kennen: Nebensatz, Komma, Konjunktion
› Zeichensetzung beachten

› Arbeitsheft, Seite 31

Merkwörter üben

1 Sortiere die Merkwörter nach ihren Lupenstellen.
Schreibe so: Wörter mit V und v: Villa, ...

Taxi, Pyramide, Klavier, nervös, mixen, Veranda, fair, Hexe, Lachs, Hobby, Vampir, Pullover, Couch, Pony, Xylofon, Comic, Tee, Baby, Boot, Clown, Axt, Detail, Waage, Training, Fuchs, Kaiser, Handy, Moos, Wachstum, Advent, Yak, Chance, boxen, Achse, Meer, wachsen, Party, Chef, Zylinder, Silvester, brav, Recycling

2 Ergänze mit Wörtern aus der Wörterliste.

3 Sortiere die Merkwörter.

Seite 137

Scheibe so:
- Wörter mit i:
- Wörter mit -ine:
- Wörter mit -in:
- andere Wörter:

Kilo, Biber, Sardine, Praline, Benzin, Nektarine, Kamin, Tiger, Lawine, Radio, Nilpferd, Aquarium, Margarine, Klima, Kamin, Mandarine, Rosmarin, Krokodil, Kabine, Apfelsine, Minute, Rosine, Zeppelin, Termin, Trampolin, Musik, Risiko, Zitrone, Medizin, Primel, Ruine, Vitamine, Gardine

4 Überlege dir eine eigene Ordnung. Sortiere zum Beispiel nach Oberbegriffen. Schreibe so: Obst: Nektarine, ...
Schreibe zu jedem Bereich mindestens noch ein Merkwort dazu.

Seite 137

Merkwörter mit ä/äu, b und d üben

1 Welche Wörter sind Merkwörter mit **ä**? Schreibe sie auf.

Käfig	ärgern	Bär	Geländer
kräftig	Käfer	Känguru	schräg
Geräte	glänzen	Mähne	Wände
gefährlich	Träne	Kapitän	Käse
Abfälle	Nähe	ernähren	Lärm
Märchen	mähen	März	Wärme
Gänse	Länder	Späße	Mädchen

2 Welche Wörter sind Merkwörter mit **äu**? Schreibe sie auf.

Bäume Wollknäuel Läuse Träume sich sträuben
Verkäufer täuschen Fäuste Mäuse sich räuspern
schäumen enttäuschen Räume Bäuche Säule

3 Lies und sprich die Wörter. Was fällt dir auf?

Lerche – Lärche

Ehre – Ähre

Beeren – Bären

4 Schreibe Sätze mit den Wörtern. Überlege dir Gedächtnistricks. Tausche dich mit einem Partnerkind aus.

Seite 137

5 Sprich die Wörter. Schlage sie nach und schreibe sie auf.

A_ler	O_st	Kre_s	Er_se	A_flug	irgen_wann
A_stand	Her_st	A_fall	bal_	hü_sch	irgen_wie

Seite 138

› rechtschreibwichtige Wörter normgerecht schreiben
› Rechtschreibstrategien verwenden: Merken, Einprägen
› besondere Buchstaben und Buchstabenfolgen kennen

› Arbeitsheft, Seite 33

Merkwörter mit h üben

1 Lies die Wörter. Achte auf die Vokallänge in der ersten Silbe.

Bahn Bohne Rahmen Fahne fühlen fahren Höhle
Jahr Huhn Lohn kühl stehlen nehmen Mühle Ohr
Wohnung Fahrt führen Sohn kühlen Uhr wählen
Nahrung bohren Zahn rühren hohl fehlen Stuhl

2 Schreibe die Wörter auf.
Markiere die Vokallänge in der ersten Silbe.

3 Kreise den Buchstaben hinter dem **h** ein. Was fällt dir auf?

4 Trage die Wörter in eine Tabelle ein. Schreibe so:

hl	hm	hn	hr
...	...	Bahn	...

5 Lies und sprich die Wörter. Was fällt dir auf?

Wahl – Wal wahr – war Lehre – Leere Mahl – Mal

6 Schreibe Sätze mit den Wörtern.
Überlege dir Gedächtnistricks.
Berate dich mit einem Partnerkind.

Seite 137

› rechtschreibwichtige Wörter normgerecht schreiben
› Rechtschreibstrategien verwenden: Merken, Einprägen
› besondere Buchstaben und Buchstabenfolgen kennen

› Arbeitsheft, Seite 34

Merkwörter mit Th/th und Ph/ph üben

1 Schreibe die Wörter nach dem Alphabet geordnet auf. Kreise die Lupenstellen ein. Seite 137

Methode Bibliothek
Mathematik Mediathek
Apotheke Therapie
Thema Theke Thron

2 Schreibe die Wörter richtig auf.

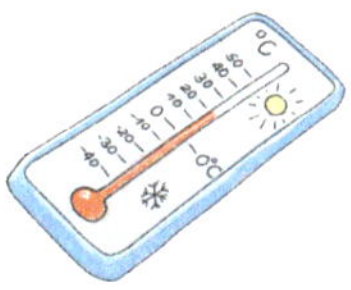   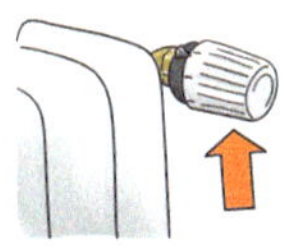

_ermo_er	_ermosk_e	Th_ohose	Th_mos_

3 Schreibe die Wörter richtig auf.

_ysik	Stro_	Katastro_	Al_bet	Ph_ao

4 Schreibe mit den Wörtern Sätze. Seite 137

5 Was ist gemeint? Schreibe die Lösungswörter auf.

- Geschäft, in dem man Medikamente kauft
- Unterrichtsfach in der Schule
- Teil eines Gedichtes oder eines Liedes
- Gerät, das die Temperatur misst
- Herrscher im alten Ägypten

Eine Anleitung schreiben und überarbeiten

1 Notiere, welche Materialien man braucht.

2 Schreibe eine Anleitung zum Herstellen von Seifenblasen-Lösung.

Seite 120

3 Lass ein Partnerkind mit Hilfe deiner Beschreibung die Seifenblasen-Lösung herstellen.

4 Stellt ein Erklärvideo her.

Seite 128

› sprachliche Mittel und Ideen sammeln
› informierenden Text verfassen: Anleitung
› Lernergebnisse digital aufbereiten und präsentieren

› Arbeitsheft, Seite 36

Eine Anleitung überarbeiten

1 Lies die Anleitung genau. Was fällt dir auf?
Tausche dich mit einem Partnerkind aus.

Eine Seifenblasen-Lösung herstellen

Schütte das Wasser und den Zucker und den Tapetenkleister und das Spülmittel in den Eimer. Nimm den Schneebesen und warte 10 Minuten. Tauche die Kabelbinder in die Flüssigkeit und puste. Aus den Kabelbindern werden Schlaufen gemacht.

2 Überarbeite deine Anleitung zu den Seifenblasen mit Hilfe der Checkliste.

Seite 120

Checkliste

- Ich habe Material und Werkzeug aufgezählt.
- Ich habe die einzelnen Schritte genau beschrieben.
- Ich habe alle einzelnen Schritte in der richtigen Abfolge beschrieben.
- Ich habe deutliche, kurze Sätze formuliert.
  Meine Sätze beginnen mit dem Verb.
- Ich habe bei den Aufzählungen Kommas gesetzt.

3 Schreibe deine Anleitung auf ein Schmuckblatt.

Du kannst deine Anleitung aufrollen und an ein Glas heften, das du mit der Seifenblasen-Lösung gefüllt hast.

› Texte in Bezug auf die äußere und sprachliche Gestaltung und auf die sprachliche Richtigkeit hin überprüfen
› Texte präsentieren

› Arbeitsheft, Seite 36

UNTER DER LUPE

N↑ M

1 Lies den Lupentext.

Elsa und Paul kochen gesunden Eistee
Nach dem Training ist Paul immer durstig, deshalb will Elsa Eistee kochen. Sie bereitet alle Zutaten vor. Sie braucht zehn Gramm frische Minze, einen Liter naturtrüben Apfelsaft, Saft von einer unbehandelten Zitrone und Eiswürfel. Zuerst erhitzen die Kinder das Wasser, bis es sprudelnd kocht. Dann schüttet Paul Wasser über die Minzblätter. Jetzt muss der Tee zehn Minuten ziehen, weil er dann gut schmeckt. Danach gießt Elsa den Tee durch ein Sieb in eine Kanne, damit sie die Minzblätter herausfiltern kann. Nun muss der Tee abkühlen, bevor die Kinder den Apfelsaft und den Zitronensaft dazu schütten. Paul freut sich schon darauf, Eiswürfel in den leckeren Tee zu geben und ihn zu probieren.

Seite 139
Seite 138

2 Lass dir den Text diktieren oder schreibe ein Schleichdiktat.

3 Vergleiche deinen Text mit dem Lupentext und verbessere.

4 Kreise Lupenstellen ein.

5 Kreise die Konjunktionen und jeweils das Komma davor ein.

6 Verbinde diese Sätze sinnvoll mit Konjunktionen.

Elsa kauft ein.	Sie will Eistee kochen.
Paul freut sich auf den Eistee.	Er kann seinen Durst löschen.
Eistee kann man auch fertig kaufen.	Oft enthält er viel Zucker.

› Übungsformen selbstständig nutzen
› über Fehlersensibilität und Rechtschreibgespür verfügen
› an Wörtern und Texten arbeiten

› Arbeitsheft, Seite 37, 38

1 Übertrage die Tabelle in dein Heft
und ergänze die fehlenden Adjektivformen.

Grundform	1. Vergleichsform	2. Vergleichsform
...	länger	...
kalt	...	...
...	...	am lautesten
...	...	am höchsten

2 Bilde zusammengesetzte Adjektive und schreibe sie auf.

Es ist weich wie ... → ■	Es ist gelb wie ... → ■
Er ist bleich wie ... → ■	Es ist scharf wie ... → ■
Es ist klar wie ... → ■	Es ist hart wie ... → ■
Es ist schwarz wie ... → ■	Es ist grün wie ... → ■

3 Finde zuerst die Merkwörter. Schreibe sie richtig auf
und überprüfe mit der Wörterliste. Seite 138

Katastrofe	gesundheit	Feuste	Termoskanne
Leuse	Verkeuferin	Gesank	Quale
Medchen	Merz	Zan	Abfelle
Kleit	Merchen	Schwimbad	nemlich
Siep	Bone	Beuche	entfernung

4 Schreibe dann die anderen Wörter richtig auf.
Ergänze passende Strategiezeichen.

5 Wähle fünf Wörter aus dem Lupentext aus
und nimm sie unter die Lupe. Schreibe alles auf,
was du zu diesen Wörtern weißt. Seite 136

› Übungsformen selbstständig nutzen
› über Fehlersensibilität und Rechtschreibgespür verfügen
› an Wörtern und Texten arbeiten

› Arbeitsheft, Seite 37, 38

Detektivwissen überprüfen

Seite 140

	richtig	falsch
Ich kenne mich aus mit Adjektiven.		
Mit Adjektiven kann man vergleichen.	G	n
Wenn man zwei Dinge vergleicht, verwendet man immer das Wort **wie**.	(	)
Ich kenne mich aus mit Kommas.		
Beim Aufzählen setzt man nach dem Oberbegriff einen Punkt.	a	+
Bei Aufzählungen im Satz wird das letzte Wort mit **und** oder **oder** verbunden.	i	h
Ich kenne mich aus mit Merkwörtern.		
Merkwörter mit **ä** oder **äu** haben ein verwandtes Wort mit **a** oder **au**.	*	ß
Das stumme **h** steht nur vor **l**, **m**, **n** oder **r**.	5	!

Schaue zuerst auf Seite 140!

Kapitel 3

beobachten – verstehen – schützen

Yeah

Du und ich
Auf dem Spielplatz draußen
Du und ich
Ich spiel links und du außen

Schweinerei

Plastikmüll und Scherbenhaufen,
da wo viele Kinder laufen.
Zigaretten, leere Flaschen,
alles fällt euch aus den Taschen.
Ich stehe hier und frage mich:
Warst du nie Kind und magst uns nicht?

Müll für ein Was!

Unter dem Müllbaum – Kastanien
An der Müllschaukel – Nest
Überall auf dem Müllplatz – Spiel

Seite 135

Ein Wollschaf lief im schnellen Lauf
scharf um die Ecke, denn das Tor war auf.

Gedichte kennenlernen

1 Lies das Gedicht. Was ist das Besondere?

Sägen sägen
Mit Sägen kann man sägen,
mit Riegeln kann man riegeln,
mit Spritzen kann man spritzen,
mit Spiegeln kann man spiegeln,
mit Zügeln kann man zügeln,
in Wiegen kann man sich wiegen,
aber mit Flügeln kann man nicht flügeln,
mit Flügeln kann man nur fliegen.

Paul Maar

2 Wie geht der Autor vor?
Was ist in den letzten beiden Zeilen anders?
Tausche dich mit einem Partnerkind aus.

3 Schreibe mit diesen Wörtern
auch ein solches Gedicht.
Kreise in jeder Zeile das Nomen
und das verwandte Verb ein.

Seite 121

Bohrer	Schere	Maler	Sprecher	Drucker	Hörer
Hammer	Pfeile	Tänzer	Presse	Schrauber	Besen

wählen	seltsam	kostbar	feilen
natürlich	streichen	quälen	hoffen
glaubhaft	der Stoff	einsam	wiegen
sprachlos	das Eigentum	ärgern	spritzen
der Stamm	die Hoffnung	hängen	die Bremse

Seite 136

› nach Anregung eigene Texte schreiben: Gedicht
› kreativ und spielerisch mit Sprache umgehen
› Wortschatz erweitern und selbstständig üben

› Arbeitsheft, Seite 40, 41

Gedichte schreiben

1 Welche Idee hat Umut für sein Gedicht?

2 Mache die Probe wie Umut. Schreibe die Wörter auf, zu denen es kein passendes Verb gibt.

3 Überlege dir weitere solcher Nomen.

4 Schreibe ein Gedicht wie Umut und erfinde dafür einen passenden Schluss. Schreibe so:

Mit Messern kann man nicht messern,
mit … kann man nicht …

ACHTUNG ACHTUNG ACHTUNG

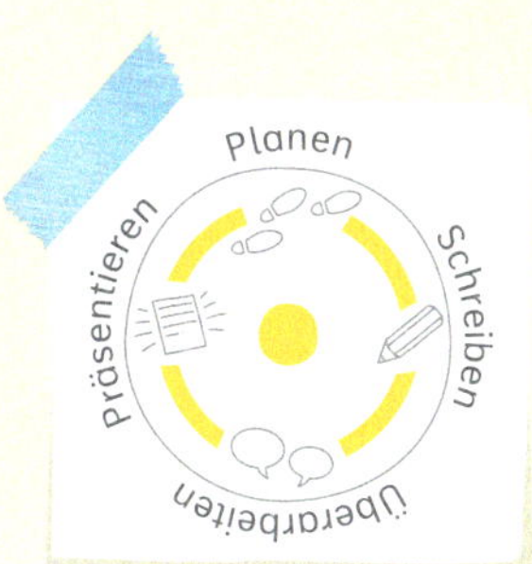

Merkmale von Gedichten

- Mit Sprache kann man spielen.
  Daraus können Gedichte entstehen.
- Gedichte können witzig oder überraschend sein.
- Oft drücken sie Gefühle aus.
- Manchmal reimen sich Wörter.

Seite 121

› nach Anregung eigene Texte schreiben: Gedicht
› kreativ und spielerisch mit Sprache umgehen
› sprachliche Mittel und Ideen sammeln

› Arbeitsheft, Seite 41

Wortstamm und Wortfamilien kennen

1 Worüber denken Elsa und Umut nach? Wie würdest du antworten? Tausche dich mit einem Partnerkind aus.

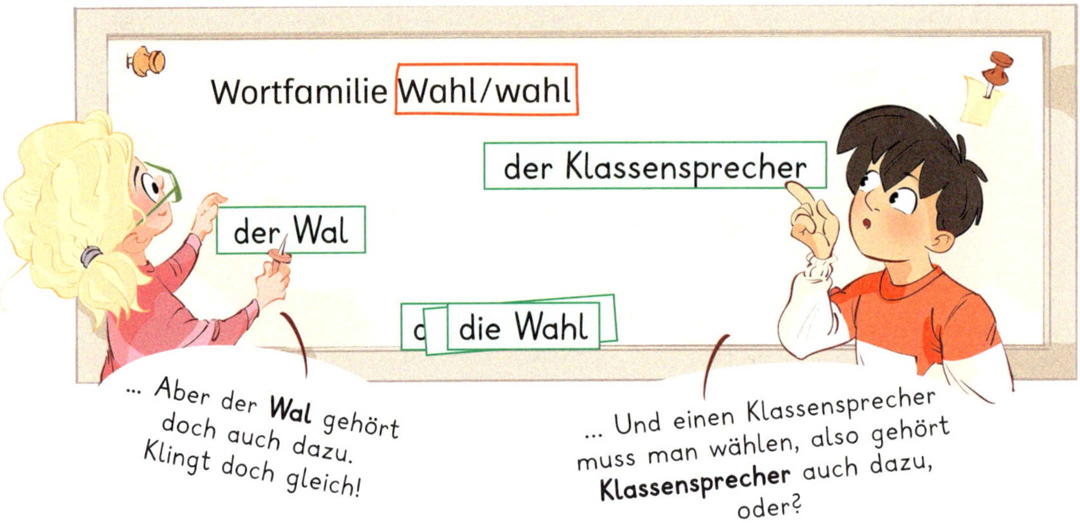

2 Schreibe alle Wörter der Wortfamilie Wahl/wahl auf. Kreise den Wortstamm ein. Schreibe so: auswählen, ...

auswählen verwählen der Wall der Wal
die Arbeitsgemeinschaft die Wahl der Wähler wackeln
wahr wählerisch der Klassensprecher wachsen

3 Durch welche Veränderungen können neue Wörter einer Wortfamilie gebildet werden? Tausche dich mit einem Partnerkind aus.

4 Schreibe weitere Wörter zum Wortstamm Red/red. Oder wähle einen eigenen Wortstamm.

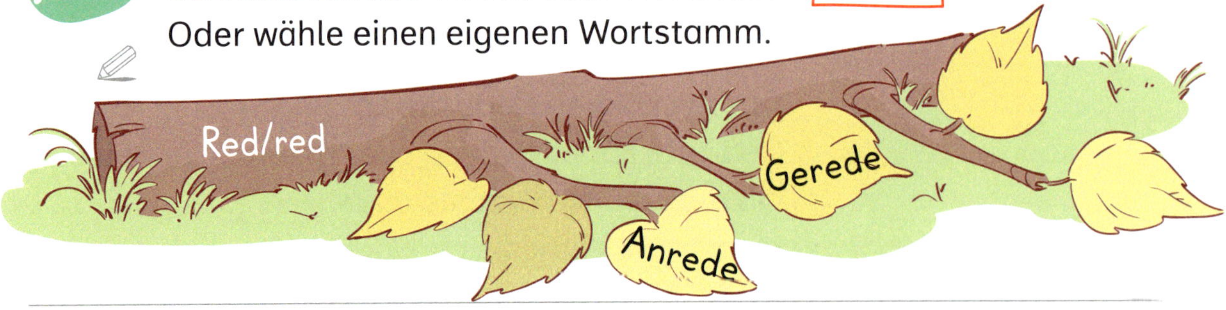

› Möglichkeiten der Wortbildung kennen
› Wörter strukturieren
› mit Sprache experimentell und spielerisch umgehen

› Arbeitsheft, Seite 42

Wortfamilien bilden

1 Ergänze die Wortfamilie Schwimm/schwimm
mit so vielen Wörtern wie möglich und schreibe die Wörter auf.
Nutze die Tricks der Detektive.

2 Finde möglichst viele Wörter zur Wortfamilie Les/les
oder zu einem anderen Wortstamm.
Kreise den Wortstamm ein.

3 Schreibe Sätze oder einen Text.
Verwende möglichst viele Wörter einer Wortfamilie.
Kreise den Wortstamm ein.

› Möglichkeiten der Wortbildung kennen
› Wörter strukturieren
› mit Sprache experimentell und spielerisch umgehen

› Arbeitsheft, Seite 42
›

Nachgestellte Wortbausteine verwenden: -nis

1 Was hat Lulu gemacht?
Beschreibe die Veränderung.

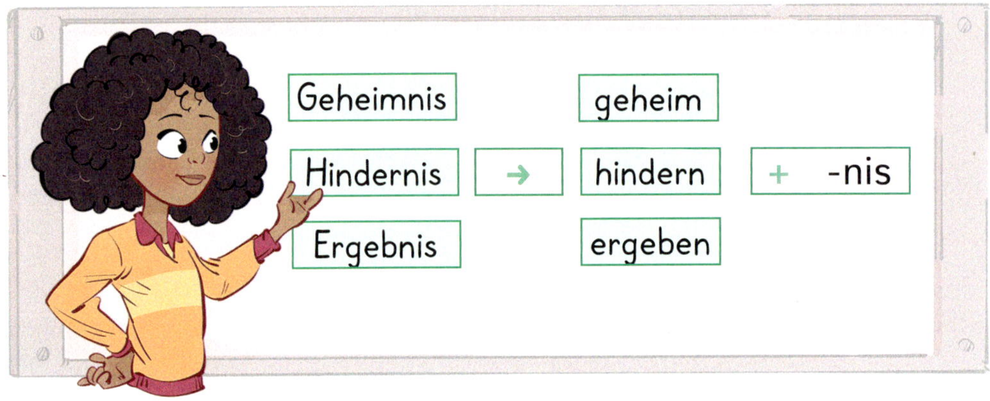

2 Finde zu jedem Nomen ein verwandtes Wort.
Schreibe die Wortpaare auf. Schreibe so:
Finsternis – finster, Verhältnis – ...

Finsternis Verhältnis
Erlaubnis Geständnis
Wildnis Kenntnis Gefängnis

Wörter mit dem Wortbaustein -nis sind immer Nomen!

3 Kreise in dem Nomen den Wortbaustein **-nis** und den Anfangsbuchstaben ein.

4 Wähle vier Wörter aus und erkläre sie.
Schreibe so: Finsternis: wenn es ganz dunkel ist, ...

5 Finde weitere Wörter, die mit dem Wortbausteine **-nis** enden.
Schreibe sie mit ihrem bestimmten Artikel auf.

6 Bilde mit diesen Wörtern Sätze und schreibe sie auf.

› Möglichkeiten der Wortbildung kennen
› Wörter strukturieren
› mit Sprache experimentell und spielerisch umgehen

› Arbeitsheft, Seite 43

Wortbausteine verwenden: -schaft, -tum

1 Was hat Umut gemacht?
Beschreibe die Veränderung.

Landschaft Gemeinschaft	→	Land gemein	+ -schaft
Reichtum	→	reich	+ -tum

2 Finde zu jedem Nomen ein verwandtes Wort.
Schreibe die Wortpaare auf. Schreibe so:
Wissenschaft – wissen, Ortschaft – ...

Wissenschaft Ortschaft Wachstum
Heiligtum Mannschaft Altertum
Feindschaft Rittertum Irrtum

Du kannst auch in einem Lexikon oder im Internet recherchieren.

3 Wähle drei Wörter aus und erkläre ihre Bedeutung einem Partnerkind.

4 Finde weitere Wörter mit den Wortbausteinen **-schaft** und **-tum** und bilde mit ihnen Sätze.

ACHTUNG ACHTUNG ACHTUNG

Das haben wir herausgefunden!

Wörter mit den nachgestallten Wortbausteinen **-nis, -schaft, -tum** sind **Nomen** und werden großgeschrieben.
das Geheimnis, die Landschaft, der Reichtum

Nachgestellte Wortbausteine verwenden: -isch, -haft, -bar

1 Überlege: An welche Veränderung denkt Elsa?
Und welche Wortart entsteht durch die Veränderung?

2 Verändere die Wörter mit den nachgestellten Wortbausteinen **-isch** und **-haft**. Schreibe so:
das Kind – kindisch, der Zauber – zauberhaft, …

Kind Zauber Glaube Scherz Grauen Misstrauen
Himmel Elektrik Bild Neid Schule Fantasie Dauer

3 Verändere Wörter mit dem nachgestellten Wortbaustein **-bar**.
Schreibe so:
essen → etwas, das ich essen kann → essbar, …

essen trinken ansprechen machen bezahlen
denken wundern brennen lesen hören

› Möglichkeiten der Wortbildung kennen
› Wörter strukturieren
› mit Sprache experimentell und spielerisch umgehen

› Arbeitsheft, Seite 44

Wortbausteine verwenden: -sam, -los, -voll

1 Bilde Adjektive mit **-los** und **-voll**.
Schreibe so: kraftlos – kraftvoll, …

KRAFT	WÜRDE	FANTASIE	LUST	NEID	FREUD

Finde noch weitere Wortpaare.

2 Verändere die Wörter mit den nachgestellten Wortbausteinen **-sam, -los** und **-voll**. Schreibe die Wörter auf.

Gewalt	Gehör	Kampf
biegen	wachen	wirken
achten	Liebe	grauen
Ausweg	raten	bewusst
Sinn	Fantasie	Schlaf
Treue	Angst	selten

3 Überlege: Was bewirkt der Wortbaustein **-los**, wenn er an ein Nomen angehängt wird?

ACHTUNG ACHTUNG ACHTUNG

Das haben wir herausgefunden!

Wörter mit den **nachgestellten Wortbausteinen -isch, -haft, -bar, -sam, -los, -voll** sind Adjektive.
kindisch, zauberhaft, essbar,
seltsam, ratlos, sinnvoll
Mit diesen Adjektiven kann man lange Erklärungen verkürzen und sich besser ausdrücken.
essbar → etwas, das ich essen kann

Wortstamm kennen und nutzen

1 Wie musst du die Wörter schreiben?
Ordne die Wortfamilien. Schreibe so:

Filz Berg Cowboy Hunde
Wald Sonnen Schutz

Hüte? 	Hütte? 
Filzhüte	

2 Welche Wörter sind hier verdeckt?
Lies den Text halblaut.

Manche Quallen machen Qualen

Es gibt verschiedene Arten von Qua■en. Das Gift mancher Qua■en kann für Menschen gefährlich sein. Manchmal entsteht ein quä■ender Juckreiz. Diese Qua■ ist lästig, aber nicht bedrohlich. Wenn Feuerqua■en im Wasser sind, sollte man nicht ins Wasser gehen. Ihr Gift verursacht nämlich quä■ende Schmerzen. Die meisten Qua■en sind völlig ungefährlich.

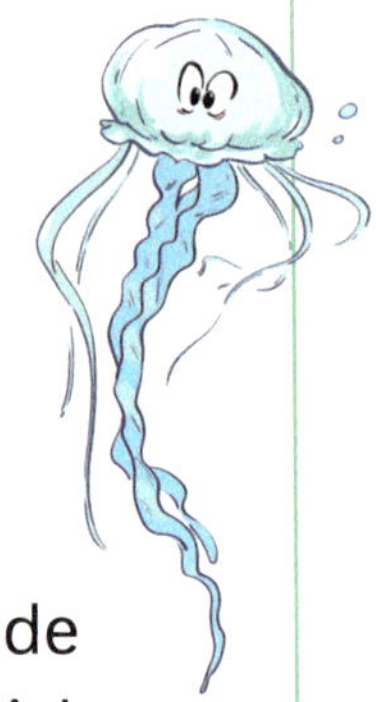

3 Schreibe die verdeckten Wörter nach ihrem Wortstamm geordnet auf.
Kreise den Wortstamm ein. Vergleiche mit einem Partnerkind.

4 Finde weitere Wortfamilien, die man leicht verwechseln kann.
Kreise den Wortstamm ein.

ACHTUNG ACHTUNG ACHTUNG

Das haben wir herausgefunden!

Einige Wortfamilien kann man leicht **verwechseln**. Darum ist es wichtig, Wörter einer Wortfamilie im Wortstamm gleich zu schreiben und auf die Bedeutung zu achten: Hütte – Hüte, Quallen – Qualen

› Rechtschreibstrategien verwenden: Wortstamm beachten
› morphematische Strategie anwenden
› Schreibweise des Wortstamms auf Wortfamilie beachten

› Arbeitsheft, Seite 46

Wortstamm beachten

1 Was hat Lulu falsch gemacht? Tausche dich mit einem Partnerkind aus. Erkläre deine Meinung.

2 Setze die Wörter zusammen.
Achte auf die doppelten Konsonanten im Wortstamm.

Klette + Verschluss	Gewinner + Summe	Wolle + Knäuel
Brummer + Kreisel	Mitte + Woche	Pfanne + Kuchen
Rollen + Schuh	Sonne + Tag	Quelle + Wasser

3 Kreise den Wortstamm im ersten Wortteil ein.

4 Setze die Wörter mit einem Verb zusammen.
Schreibe so: sattmachen, ...

satt platt dünn glatt schlapp nass voll

5 Schreibe mit drei zusammengesetzten Wörtern Sätze.

ACHTUNG ACHTUNG ACHTUNG

So gehen wir vor:

Bei **zusammengesetzten Wörtern** bleibt die Schreibweise des Wortstammes erhalten:
Gewinnsumme, schlappmachen

Wortstamm beachten

1 Lies die Gespräche und überlege mit einem Partnerkind:
Wohin geht Umut? Was kauft Elsa für Uno?
Woher wisst ihr das?

2 Aus welchen Wörtern sind die Nomen zusammengesetzt?
Schreibe so: die Essgewohnheit → essen + Gewohnheit, ...

3 Kreise den Wortstamm im ersten Wortteil ein.

4 Bilde mit den Verben möglichst viele zusammengesetzte Nomen.

wetten brennen brummen schwimmen fallen

› Rechtschreibstrategien verwenden: Wortstamm beachten
› morphematische Strategie anwenden
› Schreibweise des Wortstamms auf Wortfamilie beachten

› Arbeitsheft, Seite 48

Wortstamm beachten

1 Überlege: Wie würdest du Elsa die richtige Schreibweise erklären?

Aber Schiff schreibt man doch nur mit zwei f und nicht mit drei!

2 Setze die Wörter zusammen und schreibe sie richtig auf.
Schreibe so: das Bett + das Tuch → das Betttuch

Bett + Tuch	Schiff + Fahrt	Fußball + Lehrer
Pappe + Plakat	Schall + Loch	Schluss + Satz
Stall + Lampe	Sack + Karre	Stoff + Farbe
Kontrolle + Leuchte	Kristall + Leuchter	Kunststoff + Flasche

3 Bilde Wörter mit drei gleichen Konsonanten und schreibe sie auf.

stoppen schwimmen messen brennen

Meister Nessel Skala Position

4 Entscheide, ob du zwei oder drei Konsonanten einsetzen musst.
Schreibe die Wörter richtig auf.

Be■uch Geschi■einiger Be■ruhe Bla■farbe Kontro■fahrt
Schlu■trich Re■rad Imbi■tand Anschlu■telle
Sta■annschaft Be■ruhe Geschi■spülmittel

ACHTUNG ACHTUNG ACHTUNG

so gehen wir vor:

Bei zusammengesetzten Wörtern bleiben **doppelte Konsonanten im Wortstamm** erhalten.
Wenn das zweite Wort mit dem gleichen Konsonanten beginnt, dann schreibe ich **drei gleiche Konsonanten**:
Schiff + Fahrt → Schifffahrt

› Arbeitsheft, Seite 49

Gedichte schreiben und überarbeiten

1 Lies das Gedicht und erfinde passende Verben zu den Nomen.
Achte auf die passende Personalform.

amselt
Die Amsel ~~baut~~ ein Vogelnest.
Der Vater ~~feiert~~ ein Gartenfest.
Der Onkel ~~grillt~~ mit großem Spaß.
Die Oma ~~mäht~~ noch schnell das Gras.

2 Lies das Gedicht.

Die Hummel hummelt mit den Hummelflügeln.
Die Katze katzt auf den Katzenhügeln.
Ein Wurm wurmt sich im Wurmgebiet.
Der Frosch froscht froh ein Fröschelied.

Seite 134

3 Schreibe das Gedicht ab
und kreise die verwandten Wörter
in der gleichen Farbe ein.

4 Verbinde die Reimwörter.

5 Schreibe weitere Strophen für das Gedicht. Schreibe so:
Die Schnecke schneckelt im Schneckenbett,
der Käfer käfert …

Seite 121

› sprachliche Mittel und Ideen sammeln
› kreativen Text verfassen: Gedicht
› mit Sprache kreativ und spielerisch umgehen

› Arbeitsheft, Seite 50

Gedichte überarbeiten und präsentieren

1 Arbeite mit einem Partnerkind:
Überprüft die Großschreibung und die Bildung der Wörter.
Besprecht alle Fehler und begründet eure Verbesserung.

Die Finken fincken im Bilderbuch.
Die Meise Meist ins Taschentuch.
Der Uhu uhuten zu guten Nacht.
Die Eule hält heut lange Wacht.

2 Verändere das Gedicht
und setze passende zusammengesetzte Nomen ein.
Schreibe so:
Die Finken finken im Finkenbuch.
Die Meise meist ...

3 Schreibe dein Lieblingsgedicht auf ein Plakat
und gestalte es mit passenden Bildern. Seite 130

4 Übe den Vortrag deines Gedichtes
und trage es vor. Seite 134

› Texte in Bezug auf die äußere und sprachliche Gestaltung und auf die sprachliche Richtigkeit hin überprüfen
› Texte präsentieren und gestaltend vortragen

› Arbeitsheft, Seite 50

UNTER DER LUPE

1 Lies den Lupentext.

Bäcker Müller erzählt aus seiner Bäckerei

Mein Arbeitstag beginnt furchtbar früh.
Schon um 4.00 Uhr stehe ich in der Backstube.
Viele Geräte erleichtern meine Arbeit: Die Knetmaschine knetet den Brötchenteig und die Rührmaschine rührt den Keksteig glatt. Mit einem riesigen Kuchenschaber wird der Brotteig in große Behälter gefüllt und im Backofen oder in der Backstraße knusprig braun gebacken. Das riecht wunderbar. Die Torten verziere ich mit einem Backpinsel mit
Seite 139 streichbarer Gussschokolade. Manche Torten bekommen
Seite 138 eine Verzierung aus essbaren Blütenblättern.

2 Finde die Wörter der Wortfamilie **Back/back**.

3 Finde alle zusammengesetzten Nomen und zerlege sie.
Schreibe so: der Arbeitstag → die Arbeit + der Tag, …

4 Finde Adjektive mit dem nachgestellten Wortbaustein **-bar** und schreibe sie auf.

5 Finde Nomen, aus denen man Verben bilden kann.
Schreibe so: Der Bäcker backt. …

› Übungsformen selbstständig nutzen
› über Fehlersensibilität und Rechtschreibgespür verfügen
› an Wörtern und Texten arbeiten

› Arbeitsheft, Seite 51, 52

1 Schreibe die Wörter richtig auf.

Die Hasen Hasen im Hasenstall,
der fuchs fuchst rum mit Fuxgeknall.

Der Bauer bauhert einen Bauzaun drum,
jetzt Fuchst der Fuchs ziemlich dumm.

2 Finde die Fehler und schreibe die Wörter richtig auf.

Schwimmeister	Schlusstrich	Stofarbe	Klettverschlus
glatttziehen	Hütenkäse	quallvoll	essgewohnkeit
ereigniss	Wirksam	Fantasielos	Kontrolleuchten

3 Zerlege die Wörter in ihre Wortbausteine. Schreibe so:
der Schwimmmeister: schwimmen + der Meister, ...

4 Welche Wörter gehören nicht zur Wortfamilie **Miet/miet** ?
Schreibe diese Wörter auf und markiere den Wortstamm.

die Kaltmiete der Mietvertrag anmieten mittendrin
die Stadtmitte der Vermieter die Mitte mittig
die Mietkosten vermieten gemietet vermittelt
die Wohnung der Mitspieler mitmachen die Mieterin

5 Wähle fünf Wörter aus dem Lupentext aus und nimm sie unter die Lupe. Schreibe alles auf, was du zu diesen Wörtern weißt.

Seite 136

› Übungsformen selbstständig nutzen
› über Fehlersensibilität und Rechtschreibgespür verfügen
› an Wörtern und Texten arbeiten

› Arbeitsheft, Seite 51, 52

Detektivwissen überprüfen

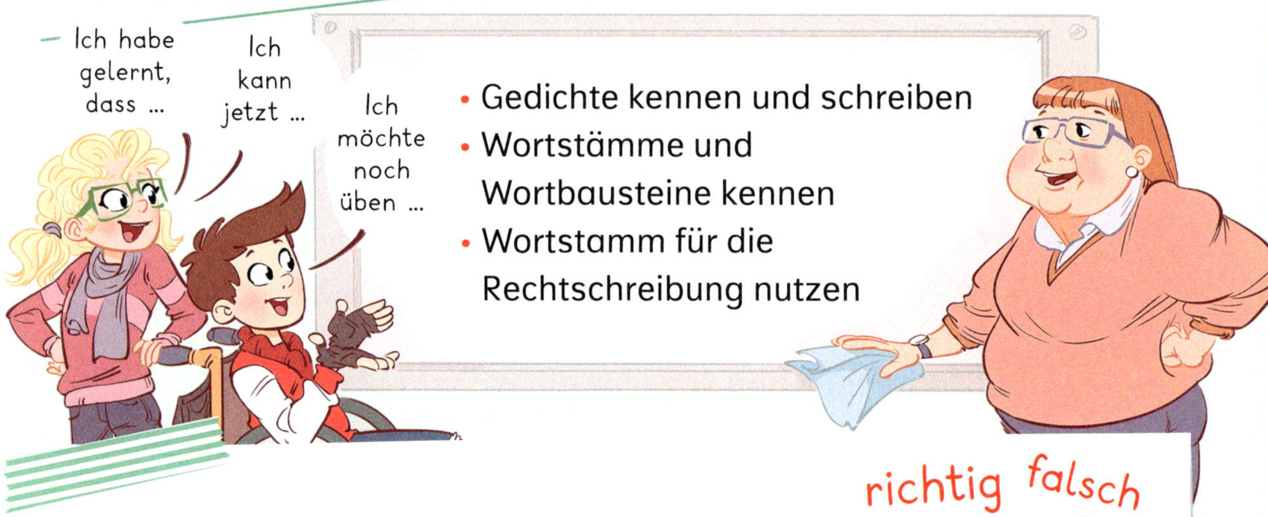

- Gedichte kennen und schreiben
- Wortstämme und Wortbausteine kennen
- Wortstamm für die Rechtschreibung nutzen

Seite 140

	richtig	falsch
Ich kenne mich aus mit Wortstämmen und Wortbausteinen.		
Das Wort **Ohr** gehört zur Wortfamilie **HÖR**.	H	h
Wörter einer Wortfamilie werden gleich oder ähnlich geschrieben.	k	&
Bei zusammengesetzten Wörtern ändert sich der Wortstamm.	/	7
Ich kenne mich aus mit Rechtschreibung.		
Wörter mit dem nachgestellten Wortbaustein **-bar** sind Adjektive.	9	Y
Wörter mit dem nachgestellten Wortbaustein **-nis** sind Nomen.	J	6
Wörter mit dem nachgestellten Wortbaustein **-voll** sind Nomen.	G	?

Schaue zuerst auf Seite 140!

› über Lernerfahrungen sprechen
› eigenen Lernstand einschätzen und Lernschritte planen
› Lernergebnisse präsentieren

Kapitel 4

haben – wünschen – brauchen

ich erfinde
ich erfand
ich habe erfunden
ich werde erfinden

er sagt
er sagte
er hat gesagt
er wird sagen

Wie es kam, ...

... dass ich keine Hausaufgaben machen konnte.

... dass meine Hausaufgaben verschwunden waren.

... dass mein Zimmer verwüstet war, obwohl ich aufgeräumt hatte.

... dass alle Matheaufgaben falsch waren, obwohl ich richtig gerechnet hatte.

... dass ich vier Tage durchgehend Computerspielen musste.

Seite 135

Manchmal wünsche ich mir, dass ich nicht die Wahrheit sagen muss.

Eine Lügengeschichte kennenlernen

1 Lest euch die Geschichte gegenseitig vor. Die zuhörenden Kinder nutzen ihr Entdeckungs-Ohr und notieren, was ihnen auffällt. Tauscht euch aus.

Seite 134

Wie es kam, dass ich steinreich wurde

Ich bin jetzt steinreich. Und wie ihr wisst, kann ich fantastisch malen. Letzte Woche malte ich mit meinen Ölfarben ein Bild. Die Farben fügten sich wie von Zauberhand zusammen. In kürzester Zeit hatte ich ein großartiges Gemälde gemalt. Ehrlich wahr! Mein Vater war ganz aus dem Häuschen und wollte, dass ich das Bild an ein Museum verkaufe. Aus Angst vor Dieben mussten wir Tag und Nacht von der Polizei bewacht werden. Letzten Montag wurde das Kunstgemälde von der Museumsdirektorin abgeholt. Nun hängt es im größten Kunstmuseum der Welt. Ich habe es für 100 000 Euro verkauft. Jetzt bin ich reich wie eine Königin, das kannst du mir wohl glauben.

2 Woran erkennst du, dass es eine Lügengeschichte ist? Tausche dich mit einem Partnerkind aus.

Seite 122

unglaublich	wahr	lügen	können
das Geheimnis	entgegen	ehrlich	lachen
überglücklich	wünschen	fehlerfrei	erzählen
schwindeln	das Ungeheuer	der Film	glauben
übertreiben	unvorstellbar	erfinden	traurig

Seite 136

Eine Lügengeschichte planen und schreiben

1 Betrachte die Bilder. Überlege und notiere in Stichpunkten, was passiert sein könnte. Seite 135

2 Erzähle mit Hilfe deiner Stichpunkte einem Partnerkind Pauls Lügengeschichte. Frage, ob die Lügen immer größer wurden. Seite 133

Seite 134

3 Schreibe Pauls Lügengeschichte auf. Beginne so:

Wie es kam, dass alle Matheaufgaben falsch waren
Natürlich hatte ich alle Matheaufgaben richtig gerechnet, ich bin ja schließlich der allerbeste Rechner in der Klasse. Aber dann …

ACHTUNG ACHTUNG ACHTUNG

Merkmale einer Lügengeschichte

Eine ausgedachte Lügengeschichte

- beginnt mit einer Behauptung.
- erzählt stark übertriebene Lügen, die immer größer werden.
- betont am Schluss die geschwindelte Wahrheit.
- hat eine Überschrift, die die Lüge benennt.

Seite 122

Verben erkennen

1 Was versucht Umut herauszufinden?
Welchen Trick wendet er an?

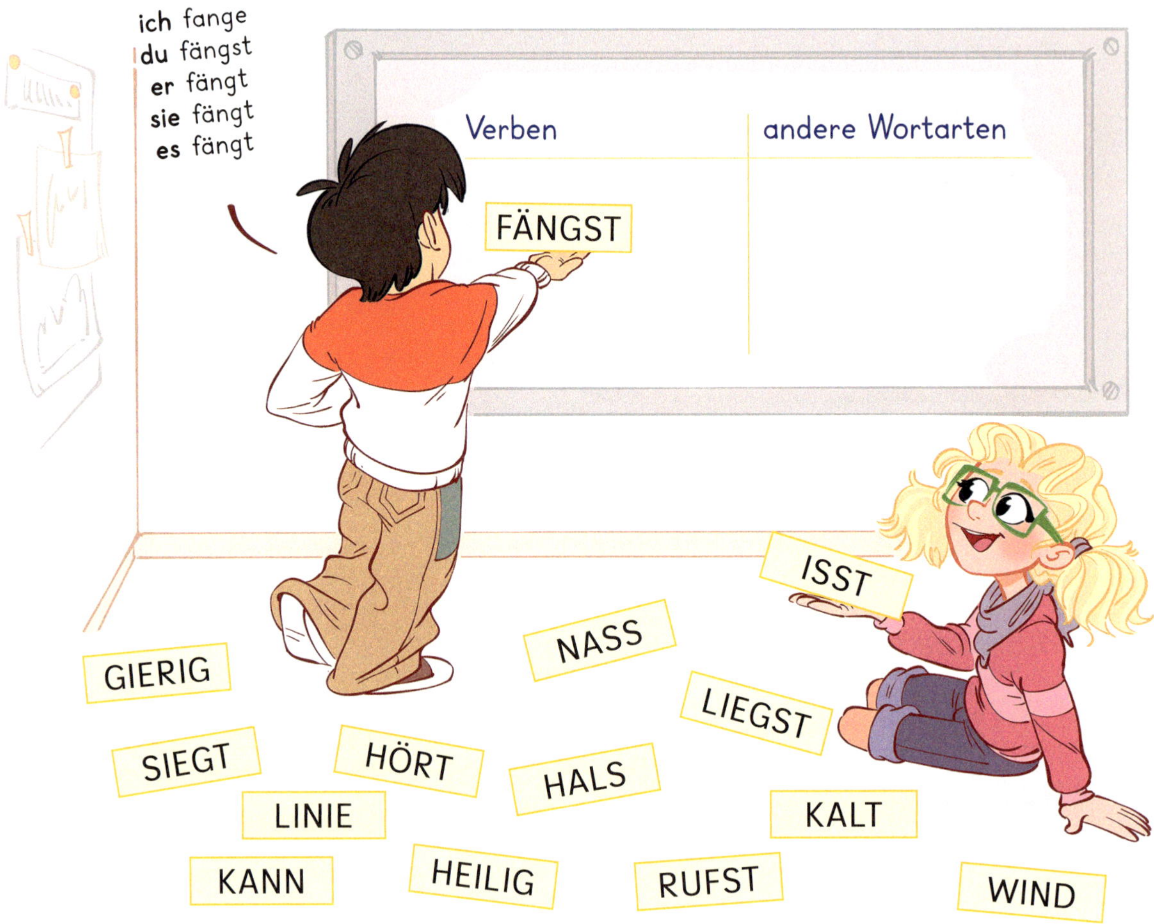

2 Schreibe alle Verben in der **ich-**, **du-** und **er-**Form auf.
Schreibe so: fängst: ich fange, du fängst, er fängt, …

3 Finde die Grundformen zu den Verben.
Kreise im Wortstamm die Buchstaben ein, die sich verändern.
Schreibe so: du fängst – fangen, …

4 Bilde Sätze mit den Verben.
Achte auf die passende Personalform.

› Arbeitsheft, Seite 56
›

Verben im Präsens und Präteritum verwenden

1 Lies die Geschichte. Wann benutzt Lulu die Verben im Präteritum und wann im Präsens? Tausche dich mit einem Partnerkind aus.

Neulich **kamen** die Detektive viel zu spät von der Schule. Ihren Eltern **erzählten** sie eine merkwürdige Geschichte. Sie **begegneten** angeblich einer kleinen Frau, die **sagte**: „**Folgt** mir! Ich **zeige** euch etwas, das ihr unbedingt **sehen müsst**.“ Neugierig **gingen** die Detektive mit. Sie **staunten**, als sie durch einen Wald aus Zuckerwatte und Gummibärchen **liefen**. Der See aus Zitronenlimonade **glänzte**. Die Schokoladenberge **schmolzen** im Sonnenschein. Der Fluss **knisterte**. Das Brausepulver **rieselte** wie ein Wasserfall von der Schokoklippe. „Ihr **befindet** euch im Gesundland“, **sagte** die Frau. „Hier **essen** wir nichts Süßes, weil es unserer Umwelt **schadet**. Wir **ernähren** uns nur von Obst und Gemüse. So **bleiben** wir gesund und die Natur **leidet** nicht.“ Die Eltern der vier Detektivkinder **glaubten** ihnen diese verrückte Geschichte natürlich nicht. Sie **wussten**, dass es ein neuer Fall war, der die vier **aufhielt**. Natürlich **klärten** die vier Lupen die Geschichte am Ende **auf**.

2 Schreibe alle Verben in der Personalform auf. Sortiere die Personalformen nach Präsens und Präteritum.

Präsens	Präteritum
ihr folgt	sie kamen

ACHTUNG ACHTUNG ACHTUNG

Das haben wir herausgefunden!

In einem Text werden oft **unterschiedliche Zeitformen** verwendet. Die wörtliche Rede steht meistens im **Präsens**, der Begleitsatz im **Präteritum.**

Sie **sagte**: „Ich **sehe** Schokoberge.“

Präteritum (sagte) **Präsens** (sehe)

Perfekt kennenlernen

1 Worin unterscheiden sich die Texte?
Tausche dich mit einem Partnerkind aus.

Ich **bin** zu spät zur Schule **gekommen**.
Denn ich **habe** einen Elefanten auf dem Schulhof **gesehen**.
Er **hat** einen bunten Hut auf dem Kopf **getragen**.
Der Elefant **ist** vermutlich aus dem Zirkus **ausgebrochen**.

Ich kam zu spät zur Schule.
Denn ich sah einen Elefanten auf dem Schulhof.
Er trug einen bunten Hut auf dem Kopf.
Der Elefant brach vermutlich aus dem Zirkus aus. …

2 Schreibe die Verben aus der Sprechblase und aus dem Text auf.
Kreise die Unterschiede ein. Schreibe so:
ich bin gekommen – ich kam, …

3 Suche die Verben in den Sätzen und schreibe sie
in beiden Vergangenheitsformen auf.

Liebes Tagebuch, ich kam heute wieder fast zu spät zur Schule. Denn ich traf einen sprechenden Tiger im Park. Er machte mit seiner Familie ein großes Picknick. Leider vergaß ich meine Armbanduhr zu Hause. Daher rannte ich zur Schule.

ACHTUNG ACHTUNG ACHTUNG

Das haben wir herausgefunden!

Wenn man von Ereignissen aus der Vergangenheit berichtet, kann man die Vergangenheitsformen **Präteritum** oder **Perfekt** verwenden. Präteritum verwendet man oft, wenn man einen **Text** über Vergangenes **schreibt.** **Perfekt** benutzt man oft, wenn man über Vergangenes **spricht.**
Ich **lief** nach Hause. Ich **bin** nach Hause **gelaufen**.

› Funktion von Zeitformen kennen und anwenden
› Verben verwenden
› grundlegende sprachliche Begriffe kennen: Perfekt

› Arbeitsheft, Seite 59

Perfekt verwenden

1 Wie haben sich Lulu und Umut in den letzten Tagen fortbewegt? Schreibe Sätze im Perfekt. Schreibe so: Lulu ist gerannt. ...

2 Überlege, ob die Verben im Perfekt mit Personalformen von **sein** oder **haben** gebildet werden. Schreibe die Personalformen auf.

sie schreibt	wir suchen	er stolpert	es kriecht
er schreibt	sie ruft	er klettert	sie findet
wir holen	er tanzt	sie bringt	er taucht

3 Schreibe die Texte im Perfekt auf. Entscheide dich für eine passende Form von **haben** oder **sein.**

Morgens sah ich auf dem Weg zur Schule eine Giraffe. Sie stand auf einem Trampolin und hüpfte fröhlich auf und ab. Zum Glück trug sie ein Stirnband, denn der Schweiß lief in Strömen. In den Ferien fuhr ich mit einem Bären ins Zeltlager. Er war ziemlich ängstlich und kam tagelang nicht aus seinem Zelt raus.

4 Suche in der Wörterliste nach weiteren Verben, die im Perfekt mit **sein** gebildet werden. Schreibe Sätze.

ACHTUNG ACHTUNG ACHTUNG

Das haben wir herausgefunden!

Verben, die eine **Fortbewegung** beschreiben, werden im **Perfekt** mit einer Personalform von **sein** gebildet: sie ist gelaufen, er ist gefahren

Futur kennenlernen

1 Lies die Sprechblasen der Detektivkinder.
Warum drücken sich die Kinder unterschiedlich aus?
Tausche dich mit einem Partnerkind aus.

3 Paul vermutet, wie die Welt in 100 Jahren sein wird. Wie könnte er das noch ausdrücken? Schreibe so:
In 100 Jahren werden die Menschen ...

In 100 Jahren fliegen die Menschen mit dem Auto zur Arbeit und das Essen kochen Roboter. Im Zoo sehen wir uns animierte und nachgebaute Tiere an. Wir verabreden uns online zum Spielen und gehen mit unseren Roboterhunden spazieren.

3 Elsa nimmt sich viel für die Zukunft vor. Bilde aus ihren Notizen Sätze und schreibe so:
Ich werde ab jetzt mein Zimmer täglich aufräumen. Mama wird ...

- täglich das Zimmer aufräumen, Mama freut sich
- öfter mit Uno Gassi gehen, Uno freut sich...
- mit dem Fahrrad zur Schule fahren, die Natur ...
- im Haushalt mithelfen, ...
- immer die Hausaufgaben machen, ...

ACHTUNG ACHTUNG ACHTUNG

Das haben wir herausgefunden!

Vermutungen und Vorhersagen werden oft in der Zeitform **Futur** ausgedrückt.
Futur wird mit der Personalform von **werden** und einem **weiteren Verb in der Grundform** gebildet.
Wenn ich älter bin, **werde** ich in einer Gruppe **singen**.

› Funktion von Zeitformen kennen und anwenden
› Verben verwenden
› grundlegende sprachliche Begriffe kennen: Futur

› Arbeitsheft, Seite 61

Verben in unterschiedlichen Zeiten verwenden

1 Entscheide, welche Zeitformen du für den Text am besten verwendest.

Pauls Oma (kochen) schon als Kind immer für andere.
Als Mädchen (sagen) sie oft: „Wenn ich groß (sein), (haben) ich ein eigenes Restaurant." Ihre Eltern (kosten) immer alles, was sie (zubereiten). Ihr Vater (fragen) oft: „Wann (geben) es wieder Spaghetti?" Er (loben) sie immer: „Du (würzen) mein Lieblingsgericht am besten."
Als Paul seine Oma nach der Geheimzutat (fragen), (antworten) sie: „Ich (hineinstreuen) Zuckerstreusel."

2 Schreibe den Text mit passenden Personalformen auf.

3 Entscheide, welche Zeitformen du am besten verwendest. Schreibe den Text mit den passenden Personalformen auf.

Elsas Opa (ist) früher ein Pirat.
Er (hat) ein eigenes Piratenschiff und (fährt) jeden Tag hinaus aufs Meer.

Zum Geburtstag (schenkt) er mir eine wunderschöne Perlenkette.
Diese (kauft) Opa bei einer netten Meerjungfrau.

Irgendwann (macht) es Elsas Opa aber keinen Spaß mehr.
Er (verkauft) sein Piratenschiff und (kauft) sich eine Rakete.

Seitdem (fliegen) er jedes Jahr zu einem anderen Planeten und (mitbringen) mir buntes Weltraumgestein.

Rechtschreibstrategien verwenden: Vokallänge prüfen

1 Schreibe die Verben auf. Setze Silbenbögen und markiere die Vokallänge der ersten Silbe.

frieren, flüstern, schenken, strömen, raten, schieben, denken, scheinen, streiten, jagen, halten, danken, schalten, rasten, blitzen, haben

2 Schreibe die Wörter in eine Tabelle. Benenne die Spalten der Tabelle passend.

…	…
flüstern	jagen

3 Erzähle einem Partnerkind, was du über offene und geschlossene Silben weißt.

4 Schreibe eigene Wörter in die Tabelle.

5 Überprüfe die Wörter mit kurzem Vokal: Endet die erste Silbe immer mit einem Konsonanten? Kreise ein.

Wörter mit doppelten Konsonanten schreiben

1 Warum wundert sich Lulu?
Tausche dich mit einem Partnerkind aus.

Die Prinzessin trägt eine kostbare glitzernde Robe.

2 Entscheide, wie viele Konsonanten du einsetzen musst, damit man die Wörter richtig lesen und verstehen kann.

nn oder **n**?	Do_er	Bie_e	So_e	Ta_e	dü_
mm oder **m**?	Ha_er	Sa_en	Nu_er	Da_e	du_
ll oder **l**?	Stie_e	Bri_e	Spie_e	Te_er	to_
ss oder **s**?	Schlü_el	Ho_e	Se_el	Ha_e	na_

3 Schreibe die Wörter auf. Markiere die Vokallänge in der ersten Silbe. Kreise die Konsonanten ein.

4 Setze die fehlenden Konsonanten ein. Schreibe die Wörter auf und markiere die Vokallänge in der ersten Silbe.

ho_en	kle_en	kle_ern	me_en	ru_en	tre_en
wi_en	sa_eln	schü_eln	schwi_en	sti_en	scha_en
bi_en	bre_en	do_ern	fre_en	ke_en	ju_eln

5 Kreise die Konsonanten ein, die du eingesetzt hast.

6 Wie muss Pauls Satz richtig heißen? Überlege mit einem Partnerkind.

Wörter mit doppelten Konsonanten schreiben

1 Worüber denken Paul und Umut nach?

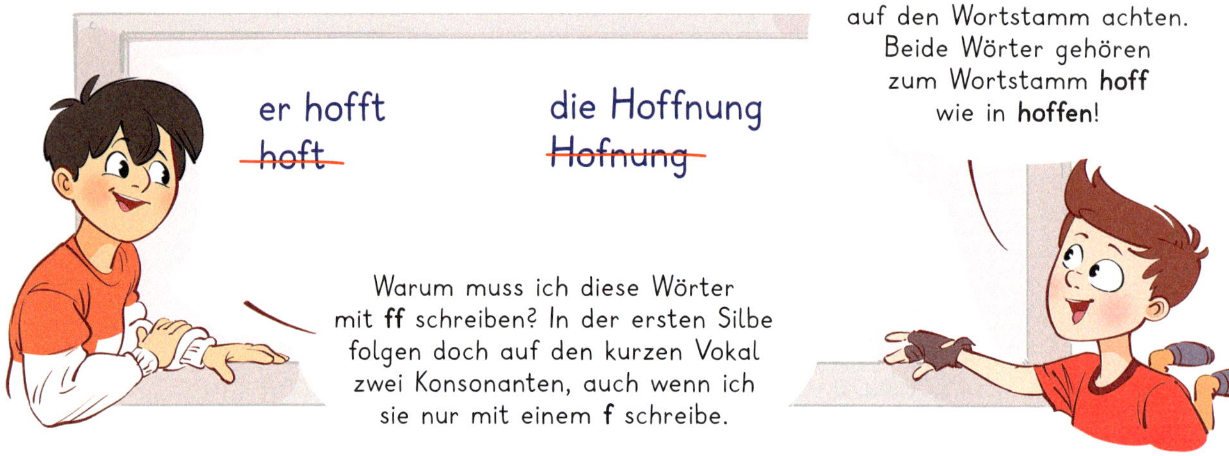

2 Schreibe die Verben mit den Personalformen **er**, **du** und **ihr** auf.
Schreibe so: hoffen, er hofft, du hoffst, ihr hofft, …

kennen	passen	treffen	wissen
schaffen	sammeln	schütteln	stimmen
bitten	brennen	donnern	fressen

3 Kreise den Wortstamm ein.

4 Erkläre einem Partnerkind:
Bei Verben mit doppeltem Konsonanten in der Grundform …

5 Bilde Wortfamilien zu den Wortstämmen und schreibe sie auf.
Nutze auch verschiedene Wortbausteine.

mess   bitt   hoff

› Arbeitsheft, Seite 63

Vokallänge prüfen: Wörter mit ß schreiben

1 Lies die Wörter und schreibe sie auf.
Markiere die Vokallänge in der ersten Silbe.
Was fällt dir auf?

heißen	Nüsse	Küsse	Straße	passen
draußen	flüssig	fleißig	beißen	schließen
Sessel	wissen	stoßen	Wasser	essen

2 Schreibe die Wörter in eine Tabelle.
Benenne die Spalten der Tabelle passend.

heißen	Nüsse

3 Kreise **ß** und **ss** ein. Vergleiche mit einem Partnerkind. Erklärt euch gegenseitig, wann man Wörter mit **ß** oder **ss** schreibt.

4 Lies die Wörter und setze **ß** oder **ss** ein.
Schreibe die Wörter auf.

Flo_e	Stra_e	ha_en	schmei_en	bei_en
gie_en	kü_en	mü_en	Ka_e	Flü_e
fre_en	Schlö_er	grö_er	aufpa_en	Ta_e
grü_en	Me_er	flei_ig	Schlü_el	Nä_e

ACHTUNG ACHTUNG ACHTUNG

Das haben wir herausgefunden!

Nach einem **langen Vokal**
folgt bei einem **zischenden s** immer **ß**: Füße
Nach einem **kurzen Vokal**
folgt bei einem **zischenden s** immer **ss**: Flüsse

› Stammprinzip beachten
› Rechtschreibstrategien verwenden: Vokallänge
› Lautqualität beachten: s-Laut

› Arbeitsheft, Seite 64, 65

Eine Lügengeschichte planen und schreiben

1 Was könnte hier passiert sein? Erzähle.

2 Plane Elsas Lügengeschichte in Stichworten.
Achte darauf, dass sich die Lügen steigern.
Nutze den Geschichtenpfad.

Seite 135

3 Überlege: Wie kannst du die Lügen so beschreiben, dass eine andere Person sie sich als Bild vorstellen kann? Kreise die Wörter ein und schreibe deine Übertreibungen auf, zum Beispiel:

- Tiger: riesengroß, ausgehungert, mit messerscharfen Zähnen bewaffnet, groß wie ein Baum ...
- lief weg: rannte panisch davon, rannte um mein Leben, floh so schnell wie ...

4 Schreibe Elsas Lügengeschichte auf.

5 Plane und schreibe eine eigene Lügengeschichte.

Seite 122

› funktionsangemessen sprechen: erzählen
› nach Anregung eigene Texte schreiben: Lügengeschichte
› sprachliche Mittel und Ideen sammeln und ordnen

› Arbeitsheft, Seite 66
›

Eine Lügengeschichte überarbeiten

1 Lies Umuts Lügengeschichte.

Wirklich, ich wollte Tante Tula echt im Imbiss helfen, aber gerade als ich losgehen wollte, sprach jemand mit mir, obwohl ich allein zuhause war. Es ist mein Computer, oder? Ich wusste gar nicht, dass der sprechen konnte. Er sagte: „Mach mich sofort an. Wenn nicht, werde ich zerstört!“ Er klang echt besorgt, also mache ich den Computer an. „Spiel sofort dein Spiel weiter“, sagte er mir. So spielte ich weiter, obwohl ich müde war. Nach vier Tagen schaltete sich der Computer einfach wieder aus, wie von Zauberhand. Darum konnte ich nicht helfen. Der Computer war schuld, glaube ich!

2 Überarbeite Umuts Lügengeschichte.

3 Führe einen Inhalts-Check und einen Rechtschreib-Check bei deiner Lügengeschichte durch. Nutze die Checkliste. Seite 132

Checkliste

- Ich habe eine Behauptung aufgestellt.
- Ich habe meine Lügen gesteigert.
- Ich habe übertrieben.
- Meine Geschichte ist verständlich.
- Ich habe die geschwindelte Wahrheit betont.
- Ich habe die Rechtschreibung geprüft und überarbeitet,

4 Schreibe deine Geschichte auf ein Schmuckblatt und male ein passendes Lügenbild dazu.

UNTER DER LUPE

NT↑ M

1 Lies den Lupentext.

> Gestern geschah etwas Unfassbares. Ich pla_te für Lulu
> einen Kuchen. Zuerst suchte ich a_e Zutaten und
> Küchengeräte zusa_en. Dann las ich das Rezept
> aufmerksam durch. Schri_ für Schritt mischte ich
> alle Zuta_en mit dem Mixer zu einem gla_en Teig.
> Doch plötzlich verwandelte sich der Mixer
> in ein wü_endes Monster und spri_te den Teig in der Küche
> Seite 139 herum. Ich zog schne_ den Ste_er, aber da war es schon
> Seite 138 zu spä_. Überall klebte Kuchenteig. Oh je!

2 Finde die Verben im Text
und schreibe sie in eine Tabelle.

Präsens	Präteritum
...	es/etwas geschah
...	ich wollte ...

3 Bilde die Präsensform der Verben
und schreibe sie in die Tabelle.

4 Schreibe den Lupentext im Perfekt auf. Schreibe so:
Gestern ist etwas Unfassbares geschehen ...

5 Überprüfe die Vokallänge der Lückenwörter im Lupentext
und schreibe die Wörter richtig auf.

› Übungsformen selbstständig nutzen
› über Fehlersensibilität und Rechtschreibgespür verfügen
› an Wörtern und Texten arbeiten

› Arbeitsheft, Seite 67, 68

1 Bilde die Grundform und die Vergleichsstufen der Adjektive.
Schreibe so: hell – heller – am hellsten, ...

hell	besser	am kältesten
voller	am müdesten	näher
dreckig	weicher	am weitesten

2 Wähle drei Adjektive aus und schreibe Vergleichssätze mit **als** und **wie**.

3 Wähle fünf Nomen aus dem Lupentext aus und schreibe auf, wie du sie als Nomen erkennen kannst. Schreibe so:
Kuchen: der Kuchen, der leckere Kuchen, die Kuchen ...

4 Verbessere die Sätze mit der Schiebewortprobe und schreibe sie auf.

Lulu freut sich über den kuchen von Elsa.
Und sie weiß, dass Elsa mit großer leidenschaft backt.
Elsa erzählt ihr die geschichte vom mixer,
der sich in ein monster verwandelte.
Diese monsterverwandlung hätte ihre freundin
sehr gern gesehen. Zum glück schmeckt das gebäck
trotzdem richtig lecker. Aber Elsa ist sicher,
dass sie niemals wieder mit dem mixer backen wird.
Die reinigung der küche hat einfach zu lange gedauert.

5 Wähle fünf Wörter aus dem Lupentext aus und nimm sie unter die Lupe. Schreibe alles auf, was du zu den Wörtern weißt. Seite 136

Detektivwissen überprüfen

- eine Lügengeschichte planen und schreiben
- Verben in verschiedenen Zeitformen verwenden
- Vokallänge prüfen und Wörter mit ß richtig schreiben

Seite 140

	richtig	falsch
Ich kenne mich aus mit Verben.		
Für Vermutungen und Vorhersagen verwende ich oft Futur.	m	7
Präteritum verwende ich oft in geschriebenen Geschichten.	F	@
Perfekt verwende ich oft, wenn ich darüber spreche, was passiert ist.	<	L
Die Zeitform erkenne ich am Satzzeichen.	i	*
Ich kenne mich aus mit Rechtschreibung.		
Nach einem langen Vokal folgt **ß**.	%	!
Nach einem kurzen Vokal folgt immer **ß** oder **s**.	b	d

Schaue zuerst auf Seite 140!

Kapitel 5

lesen – hören – sehen

Bericht von Lulu

Auffahrunfall

Am Dienstag stießen zwei Viertklässler auf dem Weg nach Hause mit ihren Fahrrädern zusammen. Malik aus der 4b und Julius aus der 4c waren nach dem Unterricht auf dem Weg nach Hause. Plötzlich bremste Malik ab, weil er die rote Ampel übersehen hatte. Weil Julius nicht so gut aufpasste, fuhr er Malik hinten in sein Rad rein. Den beiden Jungen ist nichts passiert, aber die Räder sind beschädigt.

Ich verfolge täglich in großem Maße die Berichterstattung in der Zeitung.

Seite 135

Einen Bericht planen

1 Was ist passiert? Tausche dich mit einem Partnerkind aus.

Wann ist es passiert? am …
Was ist passiert?
Wo ist es passiert?
Wer war dabei?
Wie ist es passiert?
Welche Folgen hat es?

2 Lies Pauls Bericht. Sind alle wichtigen Fragen beantwortet? Tausche dich mit einem Partnerkind aus.

Verschwundenes Fahrrad — Bericht von Paul

Am Donnerstag verschwand nach dem Unterricht das Fahrrad von Umut aus dem Fahrradständer der Schule. Ben aus der 4c hat das gleiche Fahrrad. Am Morgen fuhr er mit dem Fahrrad genau wie Umut zur Schule. Nach dem Unterricht vertauschte er die beiden Fahrräder und fuhr auf Umuts Fahrrad nach Hause. Umut musste an diesem Tag zu Fuß nach Hause gehen, weil Ben sein Rad abgeschlossen hatte.

3 Schreibe den Bericht in dein Heft und unterstreiche diese Informationen: Wann? Was? Wo? Wer? Wie? Welche Folgen?

Seite 123

aufnehmen	passieren	die Ärztin	erklären
die Kreuzung	nützlich	blass	erleben
die Aussage	der Unfall	der Beweis	der Vorfall
das Ergebnis	die Wahrheit	der Bericht	stürzen
die Information	beobachten	das Ereignis	geschehen

Seite 136

Einen Bericht schreiben

1 Was ist passiert? Tausche dich mit einem Partnerkind aus.

2 Lies den Bericht von Elsa.
Warum sind einige Wörter in ihrem Bericht nicht markiert?
Tausche dich mit einem Partnerkind aus.

Der gemeine Enno — Bericht von Elsa

Am Freitag schubste der fiese Enno aus der doofen 4a, meine Freundin Mia aus der 4b auf dem Weg in die große Pause auf der Treppe. Enno wollte seiner Mannschaft wie immer den Fußballplatz sichern. Weil die arme Mia für Enno zu langsam war, schubste er sie gemein zur Seite. Mia fiel die Treppe runter und verletzte sich am Knöchel. Mia weinte fürchterlich vor Schmerzen: „Das tut so weh!"

3 Schreibe den Bericht kurz und sachlich auf. Seite 123

ACHTUNG ACHTUNG ACHTUNG

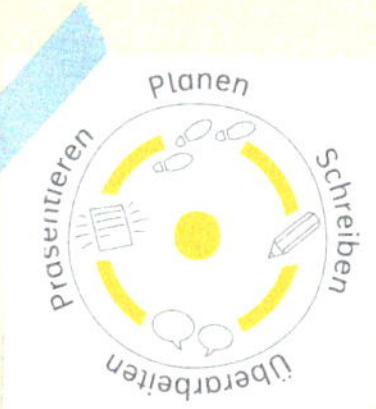

Merkmale von Berichten
In einem Bericht schreibe ich **kurz** und **sachlich**, was geschehen ist. Dabei nenne ich wichtige Informationen: Wann?, Was?, Wo?, Wer?, Wie? Welche Folgen?
Ich denke an eine logische Reihenfolge und verwende Präteritum als Erzählzeit. Ich vermeide wörtliche Rede, meine Meinung und Vermutungen.

Seite 123

› Text an der Schreibaufgabe überprüfen
› Merkmale von Texten nachvollziehen und anwenden
› adressatengerecht schreiben

› Arbeitsheft, Seite 71

Das Prädikat kennen

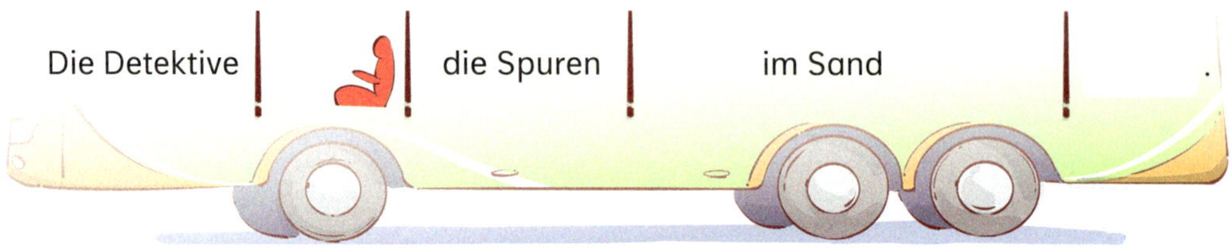

1 Welche Plätze im Satzbus sind noch frei? Welche Wörter könnte man einfügen? Tausche dich mit einem Partnerkind aus.

2 Ergänze den zweiten Prädikatsteil. Schreibe so: *Manche Menschen lügen die Detektive bei der Befragung an. …*

Manche Menschen lügen die Detektive bei der Befragung ■. Die Detektive schreiben auf dem Tablet Informationen ■. Sie gehen allen Hinweisen ■. Die Detektive tragen die Beweismittel ■.	nach an zusammen auf

3 Bilde Sätze und schreibe sie auf.
Kreise die Prädikatsteile ein und verbinde sie.

jeden lesen Elsa will Tag Zeitung die .
hat meisten immer am Seite die den mit Witzen gefällt ihr .
Computer neuen Umut einen möchte kaufen .
hat lange gespart Geld auf er seinem Sparbuch dafür .
Lieblingshörbuch Paul hat sein gekauft .
er hören unbedingt die Fortsetzung muss .

Das haben wir herausgefunden!

In einem Aussagesatz ist die zweite Position (Reiseleitung) mit einem Verb **(Prädikat)** besetzt. Manchmal besteht das Prädikat aus zwei Teilen. Das können zwei Verben oder ein Verb und ein Wortbaustein sein.

*Die Detektive **müssen** viele Fälle **lösen**.*
*Paul **schreibt** Informationen **auf**.*

› Satzfglieder kennenlernen: Prädikat
› Funktion von Satzgliedern kennen und anwenden
› › grundlegende sprachliche Begriffe kennen: Prädikat

› Arbeitsheft, Seite 72

Satzglieder erkennen

1 Bilde mit allen Wortkarten Sätze. Jeder soll anders beginnen.
Kreise in jedem Satz ein, was vor dem Prädikat steht.

seit	spannenden	die	einen	zwei	Detektive	Fall	Wochen
im	Internet	Paul	Spionageausrüstung	für	Angebote	eine	

2 Schreibe die Sätze auf und kreise die Satzglieder ein.

Viele Zeugen sagen den Detektiven die Wahrheit.
Einige erzählen bei der Befragung unwichtige Dinge.
Detektive überwachen Verdächtige aus einem Versteck.
Genaue Angaben helfen den Detektiven bei ihrer Arbeit.

3 Bilde Fragesätze, stelle dafür die Satzglieder um.
Kreise die Satzglieder ein.

Uno und Murmel begleiten die Detektive oft. Sie folgen winzigen Spuren. Manchmal finden die beiden Hunde wichtige Hinweise. Die beiden Spürnasen helfen den Detektiven.
Sie bekommen eine leckere Belohnung für die Spurensuche.

ACHTUNG ACHTUNG ACHTUNG

Das haben wir herausgefunden!

Sätze bestehen aus **Satzgliedern.** Satzglieder können einzelne Wörter oder Wortgruppen sein. Sie bleiben beim Voranstellen immer zusammen (**Busprobe**).
Wenn das Verb am Anfang steht, ist der Satz ein **Fragesatz**.
Brauchen die Detektive weitere Informationen?

Satzglieder kennenlernen: Subjekt

1 Welchen Satz kann man verstehen?
Tausche dich mit einem Partnerkind aus.

Hinter dem Schuppen **buddelt**.
Murmel **buddelt**.
Immer sonntags **buddelt**.
Mit Uno **buddelt**.
Fröhlich **buddelt**.

2 Bilde Sätze. Welches Satzglied muss unbedingt ergänzt werden?

backt	mit viel Spaß	Elsa	Kuchen und Kekse
singt	jeden Mittwoch	im Chor	Lulu
tanzt	Umut	Hip-Hop	in seiner Freizeit
trainiert	mit vielen Kindern	Paul	montags

3 Schreibe die Sätze auf. Überlege mit einem Partnerkind, woran ihr erkannt habt, was zusammengehört.

schläft.	Uno und Murmel
schlafen.	Umut
schlafe.	Ihr
schlaft.	Ich

ACHTUNG ACHTUNG ACHTUNG

Das haben wir herausgefunden!

Das **Prädikat** kann nicht allein stehen.
Damit man den Satz verstehen kann, braucht es immer ein weiteres Satzglied. Dieses ist das **Subjekt**.
Das Subjekt und das Prädikat **passen** immer **zusammen.**
Elsa liest. Umut, Paul und Lulu lesen.

Subjekt und Prädikat kennen

1 Schreibe die Sätze auf. Wende die Busprobe an.
Markiere zuerst das Prädikat und dann das Subjekt.

Lulu hört gern die Nachrichten im Kinderradio.
Paul recherchiert auf Kinderwebseiten.
In der Zeitung findet Elsa wichtige Hinweise.
Umut geht in die Bücherei.
Am Tatort schnüffelt Murmel gründlich.
Bei einem Hinweis bellt Uno laut.

2 Welche Satzglieder kannst du weglassen?
Schreibe Sätze. Markiere das Subjekt und das Prädikat.
Vergleiche mit einem Partnerkind.

Murmel und Uno toben stundenlang auf der Wiese.
Uno schnuppert im Garten an allen Maulwurfshügeln.
Lulu joggt jeden Nachmittag durch den Park.
Paul lernt täglich etwas Neues über Fossilien.
Umut hilft in den Ferien seinen Großeltern.

3 Ergänze die Sätze und bilde die passenden
Personalformen. Achte darauf, dass das Prädikat
und das Subjekt zusammenpassen.

■ (backen) die besten Kekse.
■ (trainieren) am liebsten Tischtennis.
■ (haben) immer gute Laune.
■ (schnüffeln) neugierig.
■ (suchen) neue Abenteuer im Wald.
■ (fahren) am Sonntag gemeinsam zu Paul.

› Funktion von Satzgliedern kennen und anwenden
› sprachliche Operationen verwenden: Ergänzen, Weglassen, Vorfeldprobe

› Arbeitsheft, Seite 74

Satzglieder kennenlernen: Objekt

1 Überlege: Welche Informationen müssten ergänzt werden, damit Elsa die Sätze verstehen kann?

Uno	sucht	.
Lulu	bringt	.

2 Vervollständige die Sätze mit den fehlenden Informationen. Wende die Busprobe an und schreibe die Sätze auf.

3 Markiere zuerst das Prädikat, dann das Subjekt und das neue Satzglied.

4 Schreibe vollständige Sätze und verwende dafür die passenden Satzglieder.

Elsa braucht	seinem Herrchen.
Murmel folgt	Elsa.
Elsa hilft	ihrer kleinen Schwester.
Uno beschützt	die Haarspange.
Lulu gefällt	neue Gummistiefel.

5 Schreibe Sätze mit den Satzgliedern **Subjekt** und **Objekt.**
Nutze diese Prädikate:
bekommen, schenken, gehören, leihen, bitten

ACHTUNG ACHTUNG ACHTUNG

Das haben wir herausgefunden!

Einige Prädikate brauchen neben dem Subjekt weitere **Satzglieder**. Diese Satzglieder heißen **Objekte.**
Die Hunde kauen einen Knochen.

Subjekt, Prädikat und Objekt kennen

1 Schreibe vollständige Sätze. Ergänze die Objekte.
Markiere die Satzglieder.
Schreibe so: Paul erwartet seine Hündin Murmel. ...

Paul erwartet	ihre Mutter um Erlaubnis.
Lulu schreibt	ein neues Körbchen.
Elsa braucht	Uno.
Elsas Mama versorgt	ihren Verwandten.
Umut wünscht	seine Detektivfreunde.
Paul beobachtet	Lulu viel Glück.
Umut liebt	Uno und Murmel.
Paul besucht	das Tischtennistraining.
Elsa fragt	seine Hündin Murmel.

2 Ergänze die Sätze sinnvoll. Welche Satzglieder müssen dazu?
Welche Satzglieder können dazu? Markiere alle Satzglieder.

Elsa kauft ...

Paul leiht ...

Lulu schenkt ...

Umut schickt ...

3 Was fehlt in diesem Satz? Ergänze den Satz
und schreibe ihn auf. Markiere die Satzglieder.

Umut gibt.

› Funktion von Satzgliedern kennen und anwenden
› sprachliche Operationen verwenden:
Ergänzen, Weglassen, Vorfeldprobe

Satzglieder kennenlernen: genauere Bestimmung

1 Auf welche Satzglieder kann das Prädikat in diesen Sätzen verzichten? Tausche dich mit einem Partnerkind aus.

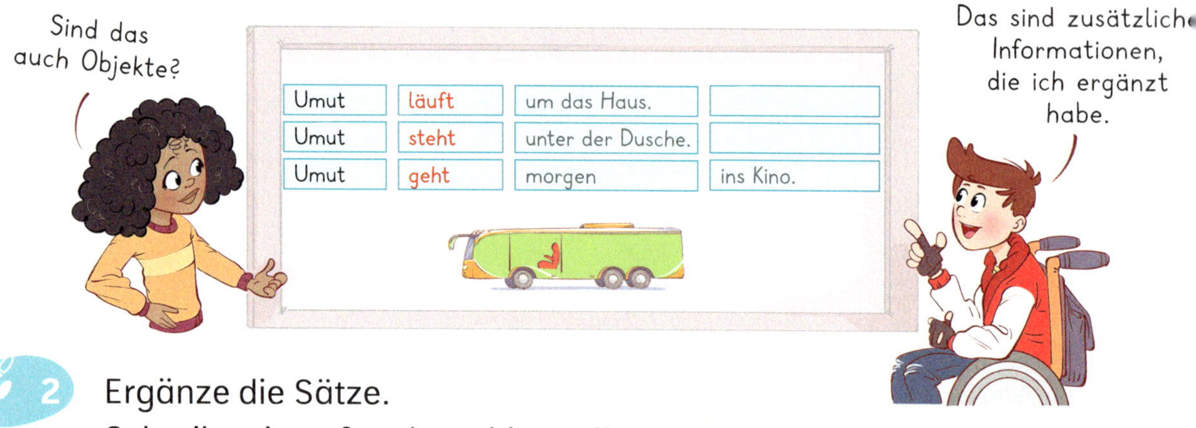

2 Ergänze die Sätze.
Schreibe sie auf und markiere alle Satzglieder.

Umut wandert Uno rennt Elsa telefoniert	in den Bergen. mit Mamas Handy. über die Wiese.

3 Ergänze die Sätze.
Schreibe sie auf und markiere alle Satzglieder.

Elsa und Uno gehen Pauls Oma sitzt Uno schläft	mittags manchmal oft	in Elsas Bett. in den Wald. in der Sonne.

ACHTUNG ACHTUNG ACHTUNG

Das haben wir herausgefunden!

Einige Satzglieder geben **zusätzliche Informationen**. Sie sind **genauere Bestimmungen**. Man kann sie weglassen und der Satz bleibt trotzdem verständlich.

Viele Vögel fliegen im Winter in den Süden.
Viele Vögel fliegen in den Süden.
Viele Vögel fliegen.

› Satzglieder kennenlernen: adverbiale Bestimmungen
› Funktion von Satzgliedern kennen und anwenden
› grundlegende sprachliche Begriffe kennen: Bestimmungen

› Arbeitsheft, Seite 76

Satzglieder kennen

1 Betrachte das Bild und ergänze Informationen in den Sätzen.

Uno schläft.	Paul guckt.
Murmel sitzt.	Umut sucht.
Elsa kommt.	Lulu macht.

2 Markiere die Satzglieder.

3 Schreibe die Geschichte ohne genauere Bestimmungen auf.
Manchmal musst du die Sätze umstellen.

Mittags bekommen die Detektive einen Anruf. Sie sollen sich in ihrem Detektivschuppen treffen. Sie erwarten wieder einen spannenden Fall. Kurz darauf bereiten sie alles vor. Die vier Kinder warten zwei Stunden auf weitere Anweisungen. Mehrmals überprüfen sie das Telefon. Beim letzten Versuch klingelt das Telefon in Pauls Hand. Ihre Klassenkameraden rufen mit einem Handy an. Sie wollten ihnen einen Telefonstreich spielen.

4 Markiere die Satzglieder.

5 Kannst du die Geschichte immer noch verstehen? Begründe.

› Funktion von Satzgliedern kennen und anwenden
› sprachliche Operationen verwenden: Ergänzen, Weglassen, Vorfeldprobe

› Arbeitsheft, Seite 77

Verben verlängern

1 Warum musste Paul seinen Satz verbessern?
Tausche dich mit einem Partnerkind aus.

2 Schreibe die Verben richtig auf. Verlängere, indem du die Grundform bildest. Schreibe so: toben – er tobt, ...

er to p/b t	er lie p/b t	er grä p/b t	er schen g/k t	er win g/k t
er gi p/b t	er blei p/b t	er sä g/k t	er sie g/k t	er den g/k t

3 Verlängere die Verben und setzte den passenden Buchstaben ein. Schreibe die Sätze auf.

Elsa trä_t gern Röcke. Sie ma_ die bunten Farben. Lulu den_t, dass Hosen viel praktischer sind. Sie glau_t, dass man sich viel besser bewegen kann. Deshalb lie_t sie Hosen. So überle_t sie morgens nicht so lange und ihr blei_t mehr Zeit zum Schlafen.

ACHTUNG ACHTUNG ACHTUNG

So gehen wir vor:

Wenn ich nicht sicher weiß, wie ich die **Personalform eines Verbs** schreibe, dann verlängere ich es und bilde die **Grundform.**

es lie g/k t → liegen → es liegt

› Rechtschreibstrategien verwenden: Verlängern
› über Fehlersensibilität verfügen
› Wörter mit Auslautverhärtung richtig schreiben

› Arbeitsheft, Seite 78

Nomen zerlegen und verlängern

1 Welche Verlängerung hilft dir jeweils bei den Wörtern? Tausche dich mit einem Partnerkind aus.

2 Zerlege die Wörter und schreibe sie mit ihrer Verlängerung auf.

3 Wie heißen die Nomen? Sortiere sie und schreibe sie mit Verlängerung auf. Schreibe so:

Nomen + Nomen → Mehrzahl	Verb + Nomen → Grundform	Adjektiv + Nomen → Verlängerung
die Zugbrücke die Züge + die Brücke …	die Flechtschnur flechten + die Schnur …	der Rundlauf runde + der Lauf …

die Zu_brücke	die Flech_schnur	der Run_lauf
der Kle_stoff	der Lau_sprecher	der Au_apfel
die Schla_sahne	das Nach_licht	das Frem_wort
der Al_bau	der Kor_sessel	das Trei_holz

4 Überlege dir für jede Spalte weitere zusammengesetzte Nomen, bei denen die Verlängerung hilft.

Wörter mit s-Laut am Ende schreiben: Wörter mit -ss

1 Wie finden Umut und Paul das Wort mit **-ss** am Ende? Tausche dich mit einem Partnerkind aus.

2 Zeichne die Tabelle in dein Heft. Finde die Wörter mit **-ss** am Wortende und trage diese in die Tabelle ein.

kurzer Vokal + ss	langer Vokal
der Kuss	

der Ku■	das Lo■	der Fu■	der Pa■	das Hau■
der Spro■	der Spa■	die Nu■	fie■	er mu■
der Flu■	sü■	das Gra■	der Spie■	der Bi■

3 Schreibe Sätze mit allen Wörtern mit **-ss** aus Aufgabe 2.

ACHTUNG ACHTUNG ACHTUNG

So gehen wir vor:

Wenn ich nicht weiß, wie ich Wörter mit einem **s-Laut am Ende** richtig schreibe, dann prüfe ich zuerst die Länge des Vokals. Wenn der Vokal vor dem s-Laut **kurz** klingt und ich ein **scharfes -s** am Wortende höre, dann schreibe ich **-ss**: der Biss

› Rechtschreibstrategien verwenden: Verlängern, Vokallänge
› Lautqualität prüfen
› über Fehlersensibilität verfügen

› Arbeitsheft, Seite 79

Wörter mit s-Laut am Ende schreiben

1 Wie unterscheiden sich die sortierten Wörter?
Tausche dich mit einem Partnerkind aus.

Aber wie macht man das bei einem langen Vokal? Da kann man -s oder -ß am Ende schreiben.

Da brauchen wir eine zweite Strategie.

Beim Verlängern höre ich verschiedene s-Laute:
das Los – die Lose
der Fuß – die Füße

2 Ergänze deine Tabelle.
Schreibe die Wörter richtig auf.

kurzer Vokal	langer Vokal + s	langer Vokal + ß
der Kuss	das Los – die Lose	der Fuß – die Füße

der Ku▢	das Lo▢	der Fu▢	der Pa▢	das Hau▢
der Spro▢	der Spa▢	die Nu▢	fie▢	er mu▢
der Flu▢	sü▢	das Gra▢	der Spie▢	der Bi▢

Wenn ich den Unterschied zwischen s und ß nicht hören kann, muss ich mir die Wörter merken!

Seite 137

ACHTUNG ACHTUNG ACHTUNG

So gehen wir vor:

Wenn ich nicht weiß, wie ich Wörter mit einem s-Laut am Ende und langem Vokal schreibe, dann **verlängere** ich.
Wenn ich einen **stimmhaften (summenden) s-Laut** höre, dann schreibe ich **-s**: das Gras → die Gräser
Wenn ich einen **stimmlosen (zischenden) s-Laut** höre, dann schreibe ich **-ß**: der Gruß → die Grüße

› Rechtschreibstrategien verwenden: Verlängern, Vokallänge
› Lautqualität prüfen
› über Fehlersensibilität verfügen

› Arbeitsheft, Seite 79

Einen Bericht überarbeiten

1 Was könnte passiert sein?
Tausche dich mit einem Partnerkind aus.

2 Einige Sätze von Umut gehören nicht in den Bericht.
Tausche dich mit einem Partnerkind aus.

Das zerbrochene Fenster — Bericht von Umut

Am Sonntagnachmittag trafen sich einige Kinder der 4c zum Fußballspielen auf dem Schulhof. Elsa und ich waren auch dabei. Das hat richtig viel Spaß gemacht! Merle und Ole waren die Kapitäne und wählten die Mannschaften. Natürlich hat Merle wieder die stärkeren Spieler in ihre Mannschaft gewählt. Das war so unfair! Mitten im Spiel foulte Merle Ole und übernimmt den Ball. Sie wollte so sehr gewinnen, dass sie den Ball mit voller Wucht schoss und dieser in eine Fensterscheibe krachte. Merle behauptete dann natürlich: „Das war Ole, weil er so doof im Weg stand."

Seite 123

3 Schreibe den Bericht verbessert auf.
Prüfe auch die Rechtschreibung.

Seite 132

4 Unterstreiche die Antworten auf die Fragen
Wann?, Was?, Wo?, Wer?, Wie? und Welche Folgen?
in deinem Text.

Einen Bericht präsentieren

1 Wähle eine Schlagzeile aus und schreibe einen Bericht. Seite 123

Klein-gegen-Groß-Fußballspiel

Schildkröte geht in Ruhestand

Spendenlauf für das Tierheim

Erfolgreiche Müllsammelaktion

Checkliste

- Ich schreibe kurz und sachlich.
- Ich nenne alle wichtigen Informationen.
  Wann? Was? Wo? Wer? Wie? Welche Folgen?
- Ich wähle eine logische Reihenfolge.
- Ich schreibe im Präteritum.
- Ich vermeide Vermutungen und meine Meinung.
- Ich verwende keine wörtliche Rede.

2 Wie präsentieren Paul und Elsa ihren Bericht?
Tausche dich mit einem Partnerkind aus.

3 Stellt eure Berichte wie in einer Radio- oder Nachrichtensendung vor.

› informierenden Text verfassen: Bericht
› Text sprachlich und inhaltlich optimieren
› Text digital aufbereiten und präsentieren

UNTER DER LUPE

1 Lies den Lupentext.

Neue Lieblingstiere

Tante Maria hat Paul einen Bildband über Riesenschildkröten geschenkt. Diese Tiere sind riesengroß, bärenstark und langlebig. Sie stammen von weit voneinander entfernten Inselgruppen. Das Maß ihrer Panzer beträgt oft mehr als einen Meter. Selbst ohne Nahrung und Flüssigkeit sind sie lange lebensfähig. Ihre Schnäbel sind kräftig. Während einige gern Gras fressen, zerkleinern andere mit einem Biss sogar Kakteen. Das ist wichtig, da sie so Wasser zu sich nehmen können, wenn es ausschließlich diese Möglichkeit gibt.
Schildkröten verfügen über ein prima Erinnerungsvermögen und sind lernfähig. Die älteste Riesenschildkröte ist über 170 Jahre alt geworden.

Seite 139

Seite 138

2 Schreibe alle zusammengesetzten Wörter aus dem Text auf, deren Schreibweise du mit Hilfe einer Verlängerung erklären kannst.

3 Schreibe alle Wörter mit einem s-Laut am Wortende heraus. Erkläre die Schreibweise.

4 Suche im Lupentext zwei Verben im Perfekt. Schreibe die Verben mit allen Personalformen auf.

› Übungsformen selbstständig nutzen
› über Fehlersensibilität und Rechtschreibgespür verfügen
› an Wörtern und Texten arbeiten

› Arbeitsheft, Seite 81, 82

1 Hier haben sich einige Fehler eingeschlichen. Finde sie.

Paul ist so fasziniert von den riessigen Reptilien, I
dass er speter Tirpfleger werden möchte. am III
Wochenende wirt er sich ein buch über Riesen- II
schiltkröten kaufen. Außerdem wird er mit seinen I
Detektivfreunden in den zoo zum Schildkrötenhauß II
gehen, um schildkröten aus der Nehe anzuseen. III

2 Schreibe die Sätze richtig auf.

3 Suche im Lupentext zwei Wörter mit einem stummen-h, zu denen du zwei verwandte Wörter finden kannst. Schreibe sie mit den verwandten Wörtern auf.

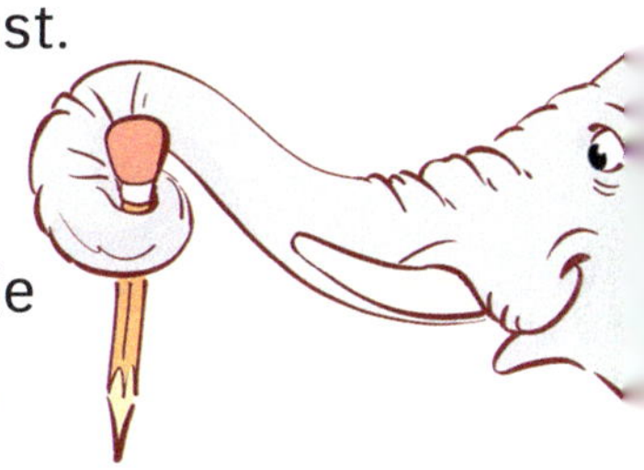

4 Suche im Lupentext nach Verben und schreibe sie in die Tabelle. Bilde Personalformen im Präsens, Präteritum, Perfekt und Futur.
Ergänze fünf eigene Verben.

Präsens	Präteritum	Perfekt	Futur
sie ...	sie ...	sie hat geschenkt	sie ...
sie sind	sind ...	sie ...	sie ...

5 Wähle drei Wörter aus dem Kasten aus und nimm sie unter die Lupe. Schreibe alles auf, was du zu den Wörtern weißt.

gießen schwimmen die Laus das Wildpferd der Rüssel
das Kraftfutter die Singstimme barfuß der Abschluss

Seite 136

Detektivwissen überprüfen

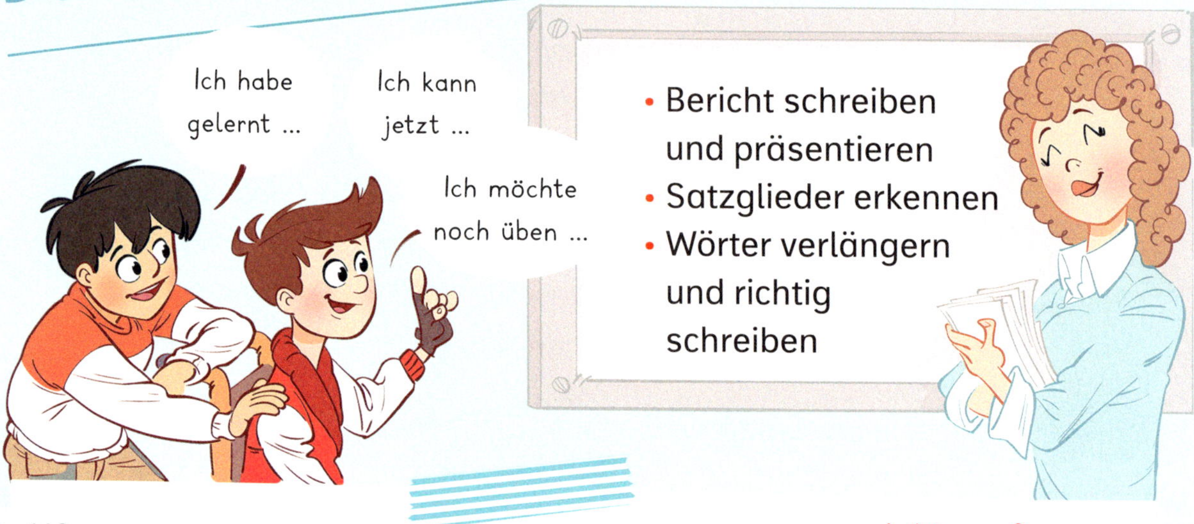

Seite 140

	richtig	falsch
Ich kenne mich aus mit Satzgliedern.		
Subjekte stehen immer in der Mehrzahl.	5	A
Jeder Satz muss eine genauere Bestimmung haben.	:	N
Es gibt Prädikate, die ein Objekt brauchen.	>	9
Manchmal hat das Prädikat zwei Teile.	?	D
Ich kenne mich aus mit dem Verlängern.		
Der scharfe s-Laut am Ende wird immer gleich geschrieben.	F	)
Bei Verben bilde ich beim Verlängern die Grundform.	(	1

Schaue zuerst auf Seite 140!

Kapitel 6

träumen – fragen – nachdenken

Gedichtvorstellung Abschlussfeiereinladung Kreuzworträtsellösungen Fotocomicsprechblasentexte

Interview mit Frau Knote
Guten Morgen, Frau Knote. Ich freue mich sehr, dass Sie heute Zeit für uns haben. Ich möchte mit Ihnen ein Interview führen, das in unserer Abschlusszeitung veröffentlicht werden soll.

Gern, Umut.
Was möchtest du über mich wissen? ...

Als Erinnerung an ihre Schulzeit schreiben die Kinder eine Klassenzeitung. Seite 135

Eine Redaktionskonferenz kennenlernen

1 Was planen die Kinder auf ihrer Redaktionskonferenz? Überlegt gemeinsam, was für eine Klassenzeitung wichtig ist.
Seite 125

2 Welche Beiträge sollten in eurer Klassenzeitung enthalten sein? Sammelt eure Ideen.
Seite 125

3 Führt eine Redaktionskonferenz zu eurer Klassenzeitung durch. Notiert eure Ideen und eure Planung.
Seite 127

Was?	Wer?	Bis wann?
Fotocomic zur Lesenacht	Lulu	Montag
Interviews	Umut und Elsa	Dienstag
Einladung zum Abschlussfest	Paul	Montag
...		

nächste Redaktionskonferenz: Mittwoch, 10:15 Uhr

Seite 136

beginnen	besser	der Beruf	deutlich
die Zeitung	grüßen	die Idee	treffen
das Interview	jemand	kennen	der Lehrer
der Unterricht	die Pünktlichkeit	der Text	begrüßen
vortragen	vorschlagen	das Lob	das Radio

Ein Interview planen

1 Welche Fragen könnten die Kinder Frau Knote stellen? Schreibe sie auf. Tausche dich mit deinem Partnerkind aus und tragt eure Fragen zusammen.

2 Bringe die Fragen in eine sinnvolle Reihenfolge. Beachte dabei, welche Fragen besonders wichtig sind oder zusammengehören.

3 Wen würdest du gern interviewen? Welche Fragen möchtest du stellen? Schreibe sie auf und stelle dein Interview deiner Klasse vor. Seite 124

Ein Interview planen und vorbereiten

1 Hast du schon einmal ein Interview durchgeführt?
Wie sollten Umut und Elsa vorgehen?
Tausche dich mit einem Partnerkind aus.

2 Notiert, was Umut und Elsa bedenken müssen und was sie für das Interview brauchen.

3 Überlegt, wie die Kinder die Antworten notieren könnten und was sie nach dem Interview noch tun müssen.

Seite 124

› gemeinsames Vorhaben planen und durchführen
› andere im Lernprozess unterstützen
› Lernergebnisse geordnet festhalten

› Arbeitsheft, Seite 86

Offene und geschlossene Fragen kennen

1 Wieso kann Lulu nur wenig über Herrn Schaller erfahren?
Tausche dich mit einem Partnerkind aus.

2 Wie hätte Lulu die Fragen anders formulieren können,
damit sie mehr über Herrn Schaller erfährt?
Verändere ihre Fragen und schreibe sie auf.

3 Überprüfe die Fragen deines Interviews und verändere sie so,
dass du möglichst viel über deinen Interviewpartner erfährst.

ACHTUNG ACHTUNG ACHTUNG

Vorgehen bei einem Interview

Seite 124

- Ich begrüße meinen Interviewpartner und stelle ihn oder sie kurz vor.
- Durch meine Fragen erfahre ich etwas Neues und lerne die Person besser kennen.
- Ich stelle möglichst offene Fragen, damit die Person viel erzählen kann.
- Ich bedanke mich freundlich und verabschiede mich.

› offene und geschlossene Fragen kennen und anwenden
› Texte an der Schreibaufgabe überprüfen
› Inhalte zuhörend verstehen

› Arbeitsheft, Seite 87

Ein Interview durchführen

1 Wie beginnt Umut das Interview?
Tausche dich mit einem Partnerkind aus.

Heute führe ich ein Interview mit unserer Kunstlehrerin Frau Knote. Guten Morgen, Frau Knote. Ich freue mich sehr, dass Sie heute Zeit für uns haben. Ich möchte mit Ihnen ein Interview führen, das in unserer Abschlusszeitung veröffentlicht werden soll.

Gern, Umut. Was möchtest du über mich wissen?

Frage: Wie alt sind Sie?
Antwort: ...
Frage: Seit wann arbeiten Sie als Lehrerin?
Antwort: ...
Frage: Warum sind Sie ...
Antwort: ...

2 Mit wem möchtet ihr ein Interview für eure Abschlusszeitung führen? Was möchtet ihr über diese Person wissen?
Sammelt eure Ideen und schreibt eure Fragen auf.

Seite 124

3 Bringt die Fragen in eine sinnvolle Reihenfolge.
Welche Fragen sind euch am wichtigsten?
Schreibt sie an den Anfang.

Denkt daran, offene Fragen zu formulieren.

4 Schreibt einen Interviewbogen
und führt euer Interview durch.

Frage: Wie alt sind Sie?
Antwort: Ich bin 42 Jahre alt.

Frage: Seit wann arbeiten Sie als Lehrerin?
Antwort: Ich bin seit 16 Jahren Lehrerin und arbeite seit 8 Jahren an dieser Grundschule.

Frage: Warum sind Sie Kunstlehrerin geworden?
Antwort: ...

› Zuhörstrategien nutzen und verstehend zuhören
› Notizen als Merkhilfen nutzen
› Lerninhalte geordnet festhalten

› Arbeitsheft, Seite 92

Ein Interview überarbeiten

1 Überlegt, was Umut und Elsa tun müssen, um das Interview in der Klassenzeitung zu veröffentlichen.

Frage: Welche Themen machen Sie am liebsten und warum?
Antwort: Wald, wegen Tiere und Pflanzen, interessant und spannend, man lernt viele Lebewesen genauer kennen
Haben Sie auch zu Hause einen Garten und Haustiere?
Ja, großer Garten, einen Hund, Hühner, 2 Katzen, im Teich Fische

2 Schreibe den Text verbessert auf. Schreibe die Antworten in Sätzen auf.

3 Überarbeitet euer Interview mit der Checkliste. Achtet darauf, die Antworten in ganzen Sätzen aufzuschreiben.

Checkliste

- Ich habe meinen Interviewpartner kurz vorgestellt.
- Ich habe meinen Interviewpartner höflich begrüßt.
- Ich habe Neues erfahren und den Interviewpartner besser kennen gelernt.
- Ich habe offene Fragen gestellt, damit der Interviewpartner viel erzählen konnte.
- Ich habe die Antworten passend zu den Fragen aufgeschrieben.
- Ich habe mich von meinem Interviewpartner verabschiedet.

4 Gestaltet euer Interview.

Seite 131

› Texte zweckmäßig und übersichtlich gestalten
› Texte sprachlich und gestalterisch optimieren
› Texte für die Veröffentlichung aufbereiten

› Arbeitsheft, Seite 93

Satzarten und Satzschlusszeichen kennen

1 Lies die Sätze. Überlege, welche Satzschlusszeichen passen.

Bald ist die Grundschulzeit zu Ende■
Freuen sich alle Kinder auf die neue Schule■
Viele können es kaum erwarten■ Juhu■
Warum sind andere nur so aufgeregt■
Es wird dort bestimmt auch schön■
Los, lasst uns starten■

2 Schreibe die Sätze mit passenden Satzschlusszeichen auf.

3 Welche Fragen könnte Elsa den anderen Kinder zum Schulwechsel stellen? Was könnten die Kinder antworten? Überlege mit einem Partnerkind.
Denkt auch über offene und geschlossene Fragen nach.
Schreibt die Fragen und die Antworten auf.

4 Überlege dir eigene Fragen an die Kinder und schreibe sie auf.

Wörtliche Rede kennen und verwenden

1 Was könnten die Kinder und die Lehrerin rufen, fragen oder sagen? Überlege mit einem Partnerkind.

2 Schreibe die wörtliche Rede mit Begleitsatz auf. Schreibe so:
Sara ruft: „Ich schreibe über unseren Ausflug ins Museum!“ Marek meint: „ …

3 Lest euch gegenseitig vor, was die Detektive sagen. Überlegt, wie sich die Detektive fühlen, wenn sie sprechen. Schreibt die Sätze mit wörtlicher Rede und Begleitsatz auf, Nutzt Verben aus dem Wortfeld **sprechen**.

Das haben wir herausgefunden!

Merkmale der wörtlichen Rede

Wenn jemand in einem Text spricht, nennt man das **wörtliche Rede**. Vor der wörtlichen Rede steht oft ein **Begleitsatz**, der ausdrückt, wer spricht und wie er es tut. Er endet mit einem **Doppelpunkt**. Die wörtliche Rede beginnt mit **Anführungszeichen unten** und endet mit **Anführungszeichen oben**.
Die Lehrerin sagt: „Wir schreiben Artikel für unsere Zeitung.“

› Satzzeichen setzen: Zeichen der wörtlichen Rede
› unterschiedliche Satzarten kennen
› grundlegende sprachliche Begriffe kennen: wörtliche Rede
› Arbeitsheft, Seite 88

Wörtliche Rede mit nachgestelltem Begleitsatz kennenlernen

1 Vergleiche die Sätze. Was ist anders?

Jule fragt: „Sollen wir in der Zeitung auch von der Klassenreise erzählen?“
„Sollen wir in der Zeitung auch von der Klassenreise erzählen?“, fragt Jule.

Sami ruft begeistert: „Das ist eine gute Idee!“
„Das ist eine gute Idee!“, ruft Sami begeistert.

2 Schreibe die Sätze ab und kreise die Satzzeichen ein.

3 Überlege mit einem Partnerkind: Was fällt euch bei dem Aussagesatz mit nachgestelltem Begleitsatz auf?

Flora kichert: „Ich schreibe von unserer Mitternachtsparty.“
„Ich schreibe von unserer Mitternachtsparty.“, kichert Flora.

4 Schreibe das Gespräch mit wörtlicher Rede und nachgestelltem Begleitsatz auf. Nutze passende Verben für den Begleitsatz.

ACHTUNG ACHTUNG ACHTUNG

Das haben wir herausgefunden!

Merkmale der wörtlichen Rede

Manchmal steht der Begleitsatz hinter der wörtlichen Rede. Er wird mit einem **Komma** abgetrennt und endet mit einem Punkt: „Oh, nein!“, ruft Sara. „Was ist passiert?“, fragt Finn.
Wenn in der wörtlichen Rede ein Aussagesatz steht, fällt der Punkt weg: „Mein Bleistift ist abgebrochen“, erklärt Sara.

› Satzzeichen setzen: Zeichen der wörtlichen Rede
› unterschiedliche Satzarten kennen
› grundlegende sprachliche Begriffe kennen: wörtliche Rede

› Arbeitsheft, Seite 89

Wörtliche Rede verwenden

1 Lies Umuts Lernplakat und überlege dir Beispiele.

Die Zeichen der wörtlichen Rede nennt man auch Redezeichen.

vorangestellter Begleitsatz

Begleitsatz : „	Aussagesatz	. “
Begleitsatz : „	Fragesatz	? “
Begleitsatz : „	Ausruf/Aufforderung	! “

nachgestellter Begleitsatz

„	Aussagesatz	“, Begleitsatz .
„	Fragesatz ?	“, Begleitsatz .
„	Ausruf/Aufforderung !	“, Begleitsatz .

2 Lies die Comics und erzähle die Witze.

3 Schreibe deine Witze mit wörtlicher Rede auf.
Unterstreiche die wörtliche Rede.

4 Schreibe eigene Witze mit wörtlicher Rede auf.
Verwende vorangestellte und nachgestellte Begleitsätze.

› Satzzeichen setzen: Zeichen der wörtlichen Rede
› unterschiedliche Satzarten kennen
› grundlegende sprachliche Begriffe kennen: wörtliche Rede

› Arbeitsheft, Seite 90

Worttrennung am Zeilenende anwenden

1 Lies den Notizzettel von Elsa. Was kann Elsa bei einigen Wörtern machen, damit sie nicht so quetschen muss?

Darf das Zeitungsinterview in der Radiosendung veröffentlicht werden? War Pilotin schon immer dein Traumberuf? Wohin fliegst du mit dem Flugzeug am liebsten? Welche Sachen musst du dafür einpacken?
Nutzen dir deine Sprachkenntnisse?

2 Trenne die Wörter sinnvoll.
Schreibe so: Zeitungs-interview, ...

Zeitungsinterview	Radiosendung	veröffentlicht	Traumberuf
einpacken	Sprachkenntnisse	Flugzeug	Pilotin	Sachen

3 Trenne die Wörter mit Silbentrennstrichen. Trenne so oft wie möglich. Überprüfe mit dem Wörterbuch.

Seite 138

die Fledermaus   die Ferien   fotografieren   fürchten

4 Trenne die Wörter und ordne sie den passenden Trennungsregeln zu.

nie einzelne Vokale am Anfang/Ende abtrennen	vor ch, ck, sch trennen	zwischen tz trennen
...	...	...

machen	Sachen	packen	Glatze	nutzen	Radio
rascheln	stecken	Ameise	flitzen	platzen	Abend

› Worttrennung am Zeilenende kennen
› Trennungsregeln kennen und anwenden
› Wörter gliedern

› Arbeitsheft, Seite 91

Worttrennung am Zeilenende überprüfen

1 Hier wurde vom Computerprogramm falsch getrennt!
Wie heißen die Wörter? Tausche dich mit einem Partnerkind aus.

2 Schreibe die falsch getrennten Wörter richtig getrennt auf.
Trenne nach den Trennungsregeln.

3 Warum ist es wichtig, Wörter an der passenden Stelle zu trennen? Tausche dich mit einem Partnerkind aus.

4 Überprüfe die Trennungen. Schreibe die Wörter auf und verbessere die falschen Worttrennungen.

Seite 138

der U-hu
der Weck-er
brech-en
der An-zug
der Esel

die Sach-en
der Af-fe
der O-fen
mei-stens
sit-zen

die Fla-schen
nü-tzen
ba-cken
der Zuc-ker
schmutz-ig

› Worttrennung am Zeilenende kennen und anwenden
› über Fehlersensibilität verfügen
› Trennungsregeln kennen und anwenden

› Arbeitsheft, Seite 91

Eine Redaktionskonferenz durchführen

1 Was besprechen die Kinder auf der Redaktionskonferenz? Wie gehen sie weiter vor? Besprecht gemeinsam und notiert, was nun noch zu tun ist.

Seite 125
Seite 126

2 Trefft euch zu einer Redaktionskonferenz. Besprecht eure weitere Planung und tauscht eure Texte aus.

Seite 125
Seite 132
Seite 133
Seite 134

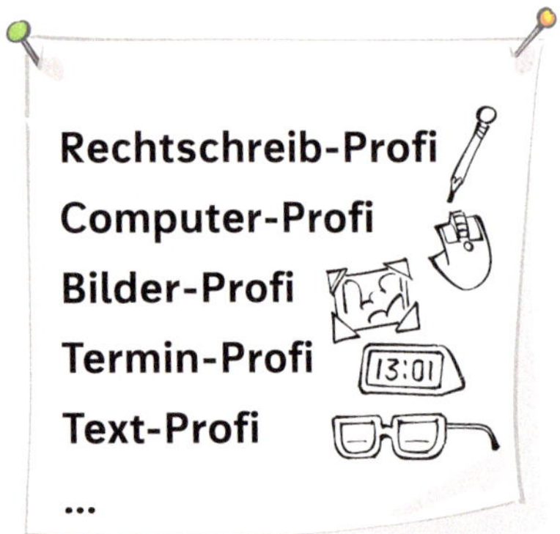

› gemeinsame Vorhaben planen: Klassenzeitung
› Anliegen mit anderen diskutieren und klären
› sich über die Organisation von Gruppenarbeit verständigen

Bilder verwenden und Rechte prüfen

1 Sammelt Fotos von gemeinsamen Erlebnissen in der Grundschulzeit. Seite 131

2 Welche Fotos wollt ihr für eure Zeitung nutzen? Notiert, wer die Fotos gemacht hat und wer zu sehen ist.

3 Überlegt euch für jede Abbildung eine passende Bildunterschrift.

4 Überprüft, ob ihr die Fotos und Bilder in eurer Zeitung veröffentlichen dürft. Sprecht mit den Personen darüber, die auf den Fotos zu sehen sind, und überprüft die Urheberrechte.

- Sensibiltät im Umgang mit Rechten anderer entwickeln
- über Datenschutz nachdenken
- Texte gestalten und veröffentlichen

UNTER DER LUPE

1 Lies den Lupentext.

Die Kinder der 4. Klasse erstellen eine Abschlusszeitung. Dafür interviewen Sie ihre Lehrerinnen und Lehrer. Sie befragen sie nach ihren Lieblingsfilmen und ihren Hobbys. Auf die Frage, warum er eigentlich nie beim Verstecken mitspielt, antwortet der Sportlehrer belustigt, dass er befürchtet, gar nicht gesucht zu werden. Zur Abschlussfeier laden die Kinder alle Lehrerinnen, Lehrer und Eltern ein. Obwohl sie Stühle und Hocker aufstellen, werden sicher alle eng zusammenrücken müssen. Es gibt natürlich Zuckerkuchen zu essen und komische Theaterstücke zu sehen. Das wird ein Spaß!

Seite 139

Seite 138

2 Suche alle Wörter mit **ck** und schreibe sie getrennt auf.

3 Trenne sinnvoll und richtig. Schreibe die Wörter mit Trennstrich auf. Schreibe so: Abschluss-zeitung, ...

Abschlusszei-tung | Lieblingsfil-me | mitspie-len | zusam-menrücken | The-aterstück | A-nanas

4 Suche im Text Wörter zum Wortfeld **fragen**. Erweitere das Wortfeld mit eigenen Wörtern.

5 Schreibe die Frage an den Sportlehrer und seine Antwort auf. Schreibe so: Elsa fragt den Sportlehrer: „Warum ...“
„ ... “, antwortet der Sportlehrer.

6 Kreise die Zeichen der wörtlichen Rede ein.

› Übungsformen selbstständig nutzen
› über Fehlersensibilität und Rechtschreibgespür verfügen
› an Wörtern und Texten arbeiten

› Arbeitsheft, Seite 95, 96

1 Schreibe die Sätze ab und ergänze Satzschlusszeichen.

Was mögen Sie an Ihrem Beruf■	Seid leise■
Ich arbeite gern mit Kindern■	Kann ich das allein■
Wann beginnen die Ferien■	Juhu■

2 Sag es kürzer und bilde Adjektive. Schreibe so: steinreich, ...

schnell wie ein Pfeil	blau wie der Himmel
dreckig wie ein Schwein	weiß wie eine Blüte
trocken wie Staub	groß wie ein Riese
scharf wie ein Messer	weiß wie Schnee
weich wie Watte	süß wie Zucker

3 Schreibe die Wörter richtig auf. Überprüfe mit der Wörterliste.

Seite 138

4 Setze **ä/e** oder **äu/eu** ein und schreibe die Wörter richtig auf.
Ordne die Wörter den Strategien zu:

B■me	t■glich	r■spern	h■te
sp■t	S■le	r■gnen	n■mlich
f■ngt	s■hr	tr■me	B■le

5 Wähle drei zusammengesetzte Wörter aus dem Text und nimm sie unter die Lupe. Schreibe alles auf, was du über die Wörter weißt.

Seite 136

› Übungsformen selbstständig nutzen
› über Fehlersensibilität und Rechtschreibgespür verfügen
› an Wörtern und Texten arbeiten

› Arbeitsheft, Seite 95, 96

Detektivwissen überprüfen

Seite 140

	richtig	falsch
Ich kenne mich aus mit der wörtlichen Rede.		
Die wörtliche Rede beginnt und endet mit Anführungszeichen.	6	%
Der Begleitsatz steht immer vor der wörtlichen Rede.	&	3
Im Begleitsatz steht, wer spricht.	B	§
Ich kenne mich aus mit der Worttrennung.		
Einzelne Buchstaben dürfen nicht abgetrennt werden.	Y	>
Wörter mit **ck** werden zwischen **c** und **k** getrennt.	M	7
Wörter mit **tz** dürfen nicht getrennt werden.	5	!

Schaue zuerst auf Seite 140!

› über Lernerfahrungen sprechen
› eigenen Lernstand einschätzen und Lernschritte planen
› Lernergebnisse präsentieren

So geht es:

Sachtext

1. Vorbereitung: Recherchieren

- Wähle ein Thema und notiere dir Fragen, zu denen du Informationen finden möchtest.
- Suche in Sachbüchern, Lexika, Zeitschriften und im Internet nach Informationstexten, die deine Fragen beantworten.

2. Schreibwerkzeuge

Informationstexte → Stichworte

1. Lies den Text aufmerksam.
2. Schaue die Bedeutung unbekannter Wörter nach oder frage jemanden.
3. Lies den Text erneut, um ihn zu verstehen.
4. Verschaffe dir einen Überblick über den Text: Wo stehen für mich wichtige Informationen?
5. Wenn möglich, markiere einzelne wichtige Wörter oder Wortgruppen.
6. Schreibe die (markierten) Informationen in kurzen Stichworten unter die passende Frage.

Stichworte → eigener Text

7. Bilde aus den Stichworten Sätze.
8. Überlege dir eine sinnvolle Reihenfolge. Überlege auch, welche deiner Stichworte zusammenpassen.
9. Schreibe die Sätze in der von dir gewählten Reihenfolge als Text auf.
10. Schreibe sachlich, ohne deine eigene Meinung einzubringen.

› funktionsgerecht schreiben: Sachtext
› sprachliche Mittel und Ideen sammeln
› sprachliche Mittel gezielt einsetzen

So geht es:

Anleitung

1. Vorbereitung

- Überlege genau, welchen Vorgang du beschreiben willst und welches Ergebnis am Ende stehen soll.
- Notiere, was man braucht, um die Anleitung auszuführen: Welche Materialien braucht man? Welche Werkzeuge sind nötig? Benenne alle Materialien und Werkzeuge genau.
- Lege dir eine Stichwortsammlung an: Sammle Verben, die genau sagen, was man tun soll.
- Gehe ins Kopfkino: Spiele in Gedanken durch, was eine Person tut, die deiner Anleitung folgt.
- Schreibe in Stichworten auf, was nacheinander geschieht.
- Nummeriere die einzelnen Schritte.

2. Schreibwerkzeug

- Nenne zuerst die Materialien und Werkzeuge. Zähle sie auf.
- Ergänze deine Stichworte zu ganzen Sätzen. Manche Sätze kann man dabei verbinden.
- Achte auf Satzanfänge, die die zeitliche Reihenfolge beschreiben.
- Formuliere eine Überschrift.

Praktische Satzanfänge

- Dann ...
- Danach ...
- Bevor ...
- Nun ...
- Zuerst ..., dann ...
- Wenn ..., dann ...
- Anschließend ...
- Zuletzt ...
- Am Schluss ...

So kannst du es machen:

Gedicht

Gedichte sind sehr verschieden, darum gibt es für das Schreiben von Gedichten keine Regeln. Hier findest du Ideen und Möglichkeiten, die du ausprobieren kannst.

1. Vorbereitung

- Sammle Ideen und Gedanken zu deinem Thema.
- Stelle dir das Thema vor.
  Welche Bilder hast du im Kopf?
- Sammle Wörter oder Wortgruppen,
  die du verwenden möchtest.
- Sammle Reime für deine Wörter.
- Spiele mit deinen Wörtern: verändere Wortarten,
  vertausche Buchstaben ...

2. Schreibwerkzeug

Schreibe los!

- Nutze deine Vorbereitung für dein Gedicht.
- Lies dein Gedicht laut vor.
- Verändere es so lange, bis es dir gefällt.

oder

- Schreibe ein neues Gedicht.

Orientiere dich an einem anderen Gedicht!

- Untersuche das Gedicht:
  Gibt es Reime?
  Was ist das Besondere?
- Schreibe dein Gedicht in dieser Form auf.
- Überprüfe und verändere dein Gedicht.

3. Dichterwerkzeug

- Ändere die Reihenfolge der Wörter im Satz, zum Beispiel:
  In der Schule ist es lustig. → Lustig ist es in der Schule.
- Lass Teile eines Satzes weg, zum Beispiel:
  Schule ist schwer, Spaß muss her!
- Benutze Vergleiche und Bilder, zum Beispiel:
  Schmutz → Schweinerei oder sauber → blitzblank
- Ordne deinen Text in Zeilen und Verse:
  Wörter, die sich reimen, müssen ans Ende der Zeile.

› kreativ schreiben: Gedicht
› sprachliche Mittel und Ideen sammeln
› kreativ und spielerisch mit Sprache umgehen

So geht es:

Lügengeschichte

1. Reihenfolge

- Überlege dir für die Überschrift eine seltsame Behauptung:
  Wie es kam, dass ...
- Beginne deine Lügengeschichte mit einer ersten geschwindelten Behauptung.
- Erzähle, was nach und nach passiert.
- Erfinde dabei immer größere Lügen.
- Beende deine Geschichte mit der Betonung der geschwindelten Wahrheit.

2. Schreibwerkzeug

- Steigere deine Lügen mindestens dreimal.
- Übertreibe stark.
- Schildere Gedanken und Gefühle.
- Stelle übertriebene Vergleiche an.
- Sprich die Lesenden direkt an.

- Das hat sich wirklich so zugetragen ...
- Es ist wahr, dass ...
- Das erscheint zwar kaum möglich, aber ...
- Ich fühlte mich ...
- Ich dachte, dass ...
- Es hat sich tatsächlich so zugetragen!
- Du fragst dich sicher ...
- Du musst mir glauben, dass ...
- Ich kann dir versichern, dass ...
- Das kannst du mir glauben!

› funktionsgerecht schreiben: Lügengeschichte
› sprachliche Mittel und Ideen sammeln
› sprachliche Mittel gezielt einsetzen

So geht es:

Bericht

1. Vorbereitung

- Schau dir die Informationen und Bilder, die für den Bericht notwendig sein könnten, genau an.
- Mache dir Stichworte zu wichtigen Informationen: Wann? Was? Wo? Wer? Wie? Welche Folgen?
- Entscheide dich für eine logische und sinnvolle Reihenfolge.
- Nummeriere deine Stichworte.

2. Schreibwerkzeug

- Ergänze deine Stichworte zu ganzen Sätzen.
- Schreibe kurz und sachlich, was geschehen ist. Manche Informationen kann man in einem Satz verbinden.
- Verwende das Präteritum als Erzählzeit.
- Vermeide: wörtliche Rede, deine Meinung, Vermutungen.

- Am vergangenen/letzten Montag geschah ein Vorfall/Unfall/Ereignis.
- Es passierte/ereignete sich/geschah Folgendes: ...
- Dort kam es zu ...
- In der Nähe .../An .../Vor .../Neben ... war zu beobachten, dass ...
- Zeugen/Beteiligte sahen, wie ...
- Sie sagten aus/berichteten, dass ... /
- Es gab keine/viele/zahlreiche Verletzte(n)/Zuschauer.
- Es gab keine/hohe Sachschäden.
- Die Folgen waren, dass ...

So geht es:

Interview

1. Ideen sammeln

- Notiere dir Fragen, die du an deinen Interviewpartner hast.

Achte darauf, offene Fragen zu stellen, die den Interviewpartner viel erzählen lassen.

- Bringe die Fragen in eine sinnvolle Reihenfolge und nummeriere sie: Welche Fragen sind besonders wichtig? Welche Fragen gehören zusammen?
- Erstelle einen Interviewbogen. Schreibe deine Fragen auf und lasse unter jeder Frage Platz für das Notieren der Antworten.

Frage deinen Interviewpartner, wann ihr das Interview führen könnt. Du kannst das Interview auch aufnehmen, wenn dein Interviewpartner einverstanden ist.

2. Durchführung

- Begrüße den Interviewpartner und stelle ihn kurz vor.
- Stelle deine Fragen, höre aufmerksam zu und notiere die Antworten.
- Wenn du noch mehr erfahren möchtest, frage noch einmal genauer nach.
- Bedanke dich beim Interviewpartner und verabschiede dich.
- Zeige deinem Interviewpartner das fertige Interview und frage, ob du es so veröffentlichen darfst.

Ihr möchtet eine Klassenzeitung schreiben und gestalten?

Redaktionskonferenz

Auf einer **Redaktionskonferenz** besprechen wir, wie die Klassenzeitung werden soll.

- Legt die Themen, Inhalte und Textsorten fest.
- Entscheidet, wer was schreibt.
- Überlegt, wie das Layout und das Titelblatt aussehen sollen.
- Legt den zeitlichen Ablauf fest und besprecht die Termine.
- Entscheidet, welche Fotos und Bilder ihr drucken wollt.
- Recherchiert zu Bildrechten und Urheberrechten.
- Besprecht die Beiträge und gebt euch gegenseitig Tipps zum Überarbeiten.

Tauscht eure Beiträge zwischendurch aus.

Gebt euch gegenseitig Tipps zum Überarbeiten.

Ordnet alle Beiträge am Ende und fügt sie zu einer Zeitung zusammen.

Für eine Klassenzeitung braucht man viele Redaktionskonferenzen, bis alles fertig ist.

› Anliegen gemeinsam mit anderen diskutieren und klären
› gemeinsame Projekte planen und durchführen
› Arbeitsvorhaben in der Gruppe besprechen

Titelblatt

Du möchtest andere neugierig auf die Klassenzeitung machen?

Das Titelblatt nennt man auch Cover.
Man spricht es Kawa.
Auf Türkisch heißt es başlıklı sayfa.

- Schaut euch einige Zeitschriften von außen an.
  Wie sind sie aufgebaut?
  Was gefällt euch gut?
  Was ist das Oberthema?

Gestaltungstipps

- Gibt es ein Klassenmotto/ein Klassentier, das euch durch alle Schuljahre begleitet hat?
- Welche Bilder passen zu eurem Thema am besten?
- Kombiniert Abbildungen, zum Beispiel Fotos mit Rahmen, Seifenblasen oder Ballons.
- Wählt ein großes Foto aus und verschönert es, zum Beispiel mit Rahmen oder Mustern.
- Gestaltet Bilder zum Beispiel aus Fingerabdrücken.
- Integriert lustige Doodles.
- Schreibt Wörter auf Fähnchen oder Banner.
- Probiert unterschiedliche, besondere Handschriften aus.

Ihr möchtet mit Bildern eine Geschichte erzählen?

Fotocomic

1. Vorbereitung

- Überlegt, was in dem Fotocomic passieren soll.
- Legt fest, wie viele Bilder euer Fotocomic haben soll.
- Notiert, welche Personen mitspielen.
- Legt fest, wer welche Rolle übernimmt.
- Zeichnet ein Storyboard:

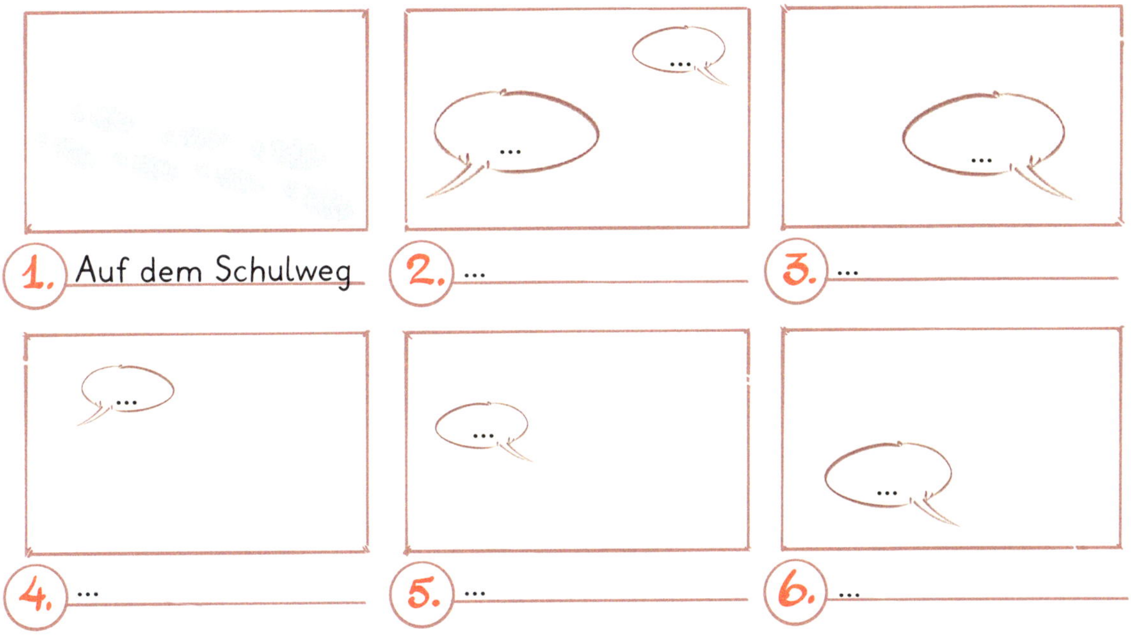

2. Durchführung

- Spielt die einzelnen Szenen und fotografiert Standbilder.
- Benutzt eine App, um den Fotocomic zu gestalten.

oder

- Druckt die Fotos aus.
- Klebt auf die ausgedruckten Fotos Sprechblasen, Denkblasen und Erzählkästen.
- Zeichnet Soundwords und Speedlines ein.

Du möchtest jemandem Schritt-für-Schritt erklären,
wie man etwas macht oder herstellt?

Erklärvideo

- Du brauchst zum Filmen ein Partnerkind und ein Aufnahmegerät, zum Beispiel ein Tablet, ein Handy oder eine Digitalkamera.

Vorbereitung

1. Lege das notwendige Material bereit.
   Tipp: Lege alles auf eine gut sichtbare Unterlage.
2. Überlege dir, welche Arbeitsschritte du zeigen möchtest.
   Tipp: Probiere die Arbeitsschritte so aus, wie du sie zeigen möchtest.
3. Plane deine Arbeitsschritte und den dazu passenden Text.
   Tipp: Schreibe dir den Text auf, den du sprichst.

Durchführung

1. Sage zu Beginn deines Videos, was am Ende herauskommen soll.
2. Zeige kurze Arbeitsschritte und nicht zu schnell hintereinander.
3. Erkläre langsam und deutlich, was du machst.
4. Überlege dir einen Schlusssatz.

Überprüfung:

- Schau dir dein Video an.
- Kann man alle Arbeitsschritte gut sehen und verstehen?
- Bist du zufrieden?
- Überlege, was du noch verbessern möchtest. Dreht das Video noch einmal.

› Situationen in Spielformen szenisch entfalten
› sich in eine Rolle hineinversetzen und sie gestalten
› Lernergebnisse digital aufbereiten und präsentieren

Du möchtest dein Wissen zu einem Thema präsentieren?

Info-Box

1. Entscheide dich für ein Thema, zu dem du deine Info-Box gestalten möchtest.
2. Sammle Materialien, die Informationen zu deinem Thema enthalten oder dein Thema darstellen.
3. Ordne die Materialien in einer Box oder einem Karton so an, dass alles gut zu sehen ist.
4. Gestalte deine Info-Box. Du kannst zum Beispiel ein Schild mit der Überschrift deines Themas oder einer Auflistung des Inhalts außen ankleben.
5. Überlege, welche weiteren Informationen du zu deinen Materialien hinzufügen musst.
6. Stelle deine Info-Box aus.

Du möchtest Informationen zu einem Thema übersichtlich weitergeben?

Info-Blatt

1. Wähle ein passendes Bild zu deinem Thema.
2. Notiere die Fragen, zu denen du Informationen gesammelt hast.
3. Schreibe darunter deinen Sachtext mit allen wichtigen Informationen zu deinen Fragen.

Zu diesen Fragen habe ich recherchiert:
1. Seit wann können Menschen mit Flugzeugen fliegen?
2. Warum können Flugzeuge fliegen?
3. Wer hat das Flugzeug erfunden?

Flugzeuge mit einem Motor gibt es seit etwa 100 Jahren. Der Motor treibt das Flugzeug an, damit es vorwärts kommt und fliegt. An den Seiten hat das Flugzeug Flügel, die Auftrieb geben, wenn sie schnell vin Luft umströmt werden. Zu den Erfindern des Flugzeugs gehören die Brüder Wright aus Amerika. Sie ...

Du möchtest Informationen zu einem Sachthema übersichtlich präsentieren?

Plakat

- Lege Papierstreifen in unterschiedlichen Größen für die Überschriften und Texte bereit.

- Wähle Bilder aus, die gut zu deinem Thema passen.
- Schreibe das Thema groß auf.
  Tipp: Probiere unterschiedliche Schriften aus.

ÜBERSCHRIFT ÜBERSCHRIFT ÜBERSCHRIFT

- Schreibe deine Stichwörter oder kurzen Texte zu den Unterthemen auf die Papierstreifen.
  Tipp: Deine Schrift muss gut lesbar sein oder du schreibst mit dem PC.
- Wichtige Wörter kannst du auch **fett** schreiben, unterstreichen oder markieren.
- Mache den Rechtschreib-Check.
- Probiere aus, wie du die Texte und Bilder auf dem Plakat anordnen möchtest.
- Klebe alles sorgfältig auf.

Du möchtest einen Text digital gestalten?

Text formatieren

1. Öffne das Textverarbeitungsprogramm auf deinem Computer oder Tablet.
2. Tippe deinen Text ein.
3. Gestalte deinen Text mit Formatierungen. Markiere dafür das Wort, indem du es doppelt anklickst oder antippst. Du kannst auch einzelne Buchstaben formatieren.

fett hervorheben	**F**	**Detektive**
unterstreichen	U	Detektive
in einer anderen Schriftgröße darstellen	18 ˅	Detektive
in einer anderen Schriftfarbe schreiben	A	Detektive
andere Schriftart wählen	Handschrift ˅	Detektive

4. Du kannst auch Bilder einfügen, um deinen Text zu gestalten:

Computer

→ Klicke mit der rechten Maustaste auf das Bild und wähle Kopieren.
→ Öffne wieder das Textverarbeitungsprogramm, klicke mit der rechten Maustaste und wähle Einfügen.
→ Du kannst das Bild noch mit der Maus vergrößern oder verkleinern.

Tablet

→ Tippe das Bild lange an und wähle Kopieren.
→ Öffne das Textverarbeitungsprogramm und tippe doppelt auf die Stelle, an die du das Bild platzieren möchtest.
→ Wähle Einsetzen und ziehe es mit dem Finger an die richtige Stelle, vergrößere oder verkleinere es.

› Texte mit einem Textverarbeitungsprogramm erfassen und gestalten
› Lernergebnisse digital aufbereiten und präsentieren

Du möchtest deinen Text inhaltlich verbessern?

Inhalts-Check

- Arbeite mit einem Partnerkind.
- Dein Partnerkind liest deinen Text leise.
  Dann liest es dir deinen Text laut vor.
- Wenn dein Partnerkind etwas nicht versteht,
  macht es eine Pause.
- Überlegt, was du verbessern könntest.
- Macht dazu Notizen.
  Klebt zum Beispiel kleine Klebezettel in den Text.
- Entscheide, was du ändern willst.
- Verbessere deinen Text zum Beispiel so:
  - Du kannst etwas ~~durchstreichen~~ oder überkleben und verbessern
    und dann neu darüberschreiben.
  - Du kannst Sätze herausschneiden.
  - Du kannst den Text neu schreiben.

Du willst deinen Text auf Fehler überprüfen?

Rechtschreib-Check

- Lies den Text halblaut.
- Unterstreiche jedes Wort,
  bei dem du Zweifel an der Schreibweise hast.
  Schreibe eine andere mögliche Schreibweise auf.
  Vergleiche. Was sieht richtig aus?
- Nutze Rechtschreibstrategien:
  Kannst du die richtige Schreibweise ermitteln?
- Schlage in der Wörterliste oder im Wörterbuch nach.
- Streiche falsch geschriebene Wörter durch
  und schreibe sie richtig darüber.
- Achte auch auf die Großschreibung.
  Nutze die Schiebewortprobe.

› Texte auf Verständlichkeit und Wirkung untersuchen
› Überarbeitungsmethoden kennen und nutzen
› Texte sprachlich optimieren

Detektiv-Ohr

Du möchtest aufmerksam zuhören?

Phase	Frage		Wenn NEIN
Vor dem Zuhören	Ich sitze oder stehe bequem.	NEIN →	Ich ändere meine Haltung, bis es sich gut anfühlt.
	↓ JA		
	Meine Hände sind ruhig.		Ich lege meine Hände auf die Oberschenkel.
	↓ JA		
	Meine Beine und Füße stehen still.	NEIN →	Ich stelle meine Füße fest auf den Boden.
	↓ JA		
	Ich weiß, worüber jemand berichtet.	NEIN →	Ich frage den Erzähler oder die Erzählerin.
	↓ JA		
	Ich interessiere mich für das Thema.	NEIN →	Ich höre trotzdem zu, vielleicht wird es ja interessant.
	↓ JA		
Während des Zuhörens	Ich kann den Erzähler oder die Erzählerin gut sehen	NEIN →	Ich ändere meinen Platz, so dass ich gut sehen kann.
	↓ JA		
	Ich kann den Erzähler oder die Erzählerin gut hören.	NEIN →	Ich bitte ihn oder sie, lauter zu sprechen.
	↓ JA		
	Ich zeige dem Erzähler oder die Erzählerin, dass ich zuhöre.	NEIN →	Ich nicke zwischendurch oder lächle.
	↓ JA		
	Ich höre geduldig zu und verstehe, was gesagt wird.	NEIN →	Ich notiere meine Fragen für später oder ich melde mich und zeige, dass ich etwas sagen möchte.
	↓ JA		
	Ich kann mir alles merken.	NEIN →	Ich mache mir Notizen oder eine Skizze.
	↓ JA		
Nach dem Zuhören	Meine Notizen helfen mir, mich an alles zu erinnern.	NEIN →	Ich ordne meine Notizen und kläre offene Fragen.
	↓ JA		
	Ich kann mir die Inhalte und das Thema länger merken und darüber sprechen.	NEIN →	Ich lasse es mir noch einmal durch den Kopf gehen. Ich erzähle es, fasse es zusammen oder male Bilder.

› Zuhörstrategien nutzen und verstehend anwenden
› Hörerwartung aufbauen und Verständnis entwickeln
› gezielt Strategien auswählen, um Informationen zu memorieren

Du möchtest beim Zuhören Besonderheiten von Texten entdecken?

Überprüfungs-Ohr

Du hast einen Hörauftrag.

- Lies den Auftrag und überlege genau, worauf du achten sollst.
- Höre dem Text aufmerksam zu.
- Mache dir Notizen.
- Gib dem Erzähler oder der Erzählerin Feedback. Nutze deine Notizen.

Entdeckungs-Ohr

Du hast keinen Hörauftrag.

- Höre dem Text aufmerksam zu.
- Was möchtest du zu dem Text sagen? Was hat dir gefallen? Begründe. Was ist besonders gut gelungen? Was ist das Besondere für dich an dem Text?
- Sammelt eure Entdeckungen und nutzt sie für eigene Texte.

Ich möchte den Text gern noch einmal hören.

Du möchtest anderen einen Text oder ein Gedicht präsentieren?

Lese-Vortrag

- Lies den Text halblaut
- Stelle dir vor, wovon der Text erzählt.
- Überlege, in welcher Stimmung der Erzähler oder die Erzählerin ist. Sprich so: wütend, traurig, fröhlich ...
- Markiere Wörter oder Wortteile, die du betonen möchtest.

Plastikmüll und Scherbenhaufen/
Da, wo viele Kinder laufen //

/ bedeutet kurze Pause.
// bedeutet lange Pause.

- Lies noch einmal und setze Pausenzeichen.
- Übe mit einem Partnerkind: Sprich langsam und deutlich. Achte auf die Lautstärke.

› Zuhörstrategien nutzen und verstehend anwenden
› gehörte Informationen strategiegeleitet auswählen
› Text gestaltend vortragen und Intonation beachten

Du möchtest deine Ideen zu einer Geschichte ordnen?

Geschichtenpfad nutzen

1. **Überlege** dir, was du schreiben möchtest.
2. **Schreibe** einzelne Wörter und kurze Sätze auf.
3. **Lege** deine Notizen in der richtigen **Reihenfolge** auf den Geschichtenpfad.
4. **Erzähle** einem Partnerkind deine Geschichte.
5. Wenn nötig, **verändere** deine Geschichte.
6. **Schreibe** deine Geschichte in ganzen Sätzen auf.

Du möchtest zeigen, was du schon über Wörter und Sätze weißt?

Satz des Kapitels

Auf der Einstiegsseite jedes Kapitels findest du einen Satz.
So kannst du damit üben:

- Schreibe den Satz ab.
- Mache die Busprobe und markiere die Satzglieder.
- Lass dir den Satz von einem Partnerkind diktieren. Vergleiche mit dem Satz im Buch. Verbessere die Fehler.
- Verändere die Zeitform: Schreibe im Präsens, im Präteritum, im Perfekt oder im Futur. Schreibe den Satz neu auf.
- Verlängere den Satz mit genaueren Bestimmungen und markiere die Satzglieder. Schreibe den Satz neu auf.
- Finde heraus, in welchem Fall die Nomen stehen.
- Schreibe mit dem Subjekt einen weiteren Satz.
- Schreibe mit dem Prädikat einen weiteren Satz.

› sprachliche Mittel und Ideen sammeln und ordnen
› Texte an der Schreibaufgabe überprüfen
› über Sprache und Rechtschreibung nachdenken

Wörtertraining

Du möchtest Wörter üben

1. Lies das Wort und sprich dabei deutlich.
2. Überlege, wie du die Schreibung erklären kannst.
3. Merke dir schwierige Stellen.
4. Schreibe das Wort auswendig auf.
5. Vergleiche.
6. Berichtige Fehler. Glas ~~Glaß~~

So kannst du Wörter jeden Tag üben:

- Partnerdiktat, Schleichdiktat
- Lieblingsfehlerliste
- Satz bilden und aufschreiben
- Ordnen nach dem Abc, nach Anzahl der Silben, nach Strategien, nach Wortarten

Wörter unter der Lupe

Du möchtest die Schreibweise eines Wortes verstehen?

An einem Wort kannst du sehr viele Dinge entdecken, wenn du es unter die Lupe nimmst. Wähle selbst aus, was du unter der Lupe entdecken möchtest.

Ideen:

- Lies das Wort genau und markiere Lupenstellen.
- Setze Silbenbögen: Wie viele Silben hat das Wort?
- Überlege: Welche Strategie hilft beim Richtigschreiben?
- Erkläre: Warum musst du das Wort genau so schreiben?
- Überlege: Zu welcher Wortart gehört das Wort?
- Überlege: Zu welcher Wortfamilie gehört das Wort? Sammle Wörter derselben Wortfamilie.
- Bilde ein Wortfeld zu dem Wort.
- Erkläre die Bedeutung des Wortes.
- Recherchiere: Wie heißt das Wort in anderen Sprachen? Wie wird es in anderen Sprachen oder Dialekten ausgesprochen? Frage auch Sprachexpertinnen oder Sprachexperten.

Du möchtest Wörter dir etwas merken?
Zum Beispiel schwierige Wörter?

Eselsbrücke → Wortbedeutungen erfinden

Beispiel für Wortbedeutungen

- Erfinde Wort-Erklärungen:
  Perfekt: Du bist fleißig gewesen und hast deine Hausaufgaben erledigt und? Perfekt!
  Die Zeitform Perfekt wird mit haben oder sein gebildet.

Ordnen → Wörter einem Bild zuordnen

Beispiel für eine Geschichten-Wörtersammlung

- Ordne die Inhalte einem Bild zu. So kannst du es dir später gut vorstellen.

Vorstellen → Wörter in Bilder schreiben

Beispiel für die Rechtschreibung

- Male ein schwieriges Wort und schreibe es in ein Bild. Wo gehören die Buchstaben hin?

Lauschen → Wörter reimen

Beispiele für Wortbausteine

- Das Isch-haft-sam-voll-los-bar mag Adjektive, na klar!
- Das Nis-schaft-tum schießt Nomen herum.

› Gedächtnisstrategien kennen und anwenden
› eigene Lernerfahrungen beschreiben und reflektieren
› Übungsformen selbstständig nutzen

Wörter nachschlagen

Du möchtest Wörter in der Wörterliste finden?

1. Sprich dir das Wort deutlich vor.
2. Überlege, mit welchem Buchstaben das Wort anfängt.
3. Überlege, an welcher Stelle der Buchstabe im Abc steht.
4. Suche die richtige Stelle in der Wörterliste. Beachte auch den zweiten oder dritten Buchstaben und finde das Wort.
5. Bilde bei Verben und Adjektiven die Grundform, denn so stehen die Wörter in der Wörterliste.
6. Zusammengesetzte Nomen stehen oft nicht in der Wörterliste. Du musst die Nomen einzeln nachschlagen.

Wenn du ein Wort nicht finden kannst, überlege, ob es vielleicht mit einem anderen Buchstaben beginnt. Das ist manchmal so bei Wörtern aus anderen Sprachen.

Richtig abschreiben

Du möchtest einen Text abschreiben?

1. Lies den ganzen Text. 
2. Lies dann Satz für Satz.
3. Sprich deutlich und beachte Lupenstellen. 
4. Merke dir einzelne Satzabschnitte. 
   Achte auf die Lupenstellen.
5. Merke dir auch Satzzeichen.
6. Schreibe den Satzabschnitt auswendig auf. 
   Denke an die Satzzeichen.
8. Kontrolliere den Satz. 
   Lies ihn noch einmal und vergleiche mit dem Text.
9. Wenn nötig: Verbessere deine Wörter und schreibe sie noch einmal richtig auf.

Du möchtest deine Aufgaben selbstständig erledigen?

Lernprofi

1. Ich organisiere meinen Arbeitsplatz.
   Übersichtlich und aufgeräumt?
   Ruhige Umgebung?
2. Ich schaue mir die Aufgaben genau an.
3. Ich habe alle Aufgaben gefunden und verstanden. — NEIN → Ich bitte jemanden, mir zu helfen.
   ↓ JA
4. Ich habe alle Materialien bereitgelegt. — NEIN → Ich besorge mir die fehlenden Materialien.
   ↓ JA
5. Ich weiß, wie ich anfangen kann. — NEIN → Ich mache mir einen Plan und lege den ersten Schritt fest.
   ↓ JA
6. Ich kann die Aufgabe lösen. — NEIN → Ich überlege, wo ich nachschauen oder wen ich fragen kann. Ich erkläre jemandem, was genau schwierig für mich ist.
   ↓ JA
7. Ich arbeite weiter und bin konzentriert. — NEIN → Ich mache eine Pause und arbeite dann weiter.
   ↓ JA
8. Ich bin fertig mit meiner Aufgabe. — NEIN → Ich halte durch und beende meine Aufgabe.
   ↓ JA
9. Ich überprüfe meine Aufgabe. Alles ist richtig. — NEIN → Ich verbessere meine Fehler. ↙ JA
   ↓ JA
10. Ich klopfe mir auf die Schulter.

› eigenen Lernprozess planen und reflektieren
› selbstständig lernen und arbeiten
› lösungsorientiert über Lernen nachdenken

Du möchtest darüber sprechen, was du gelernt hast?

Lerngespräche führen

Bitte deine Lehrerin oder deinen Lehrer
um ein Lerngespräch oder suche dir ein Partnerkind.

Erzähle deiner Lehrerin oder deinem Lehrer:
- Das habe ich gelernt und verstanden: ...
- Das muss ich noch einmal wiederholen: ...
- So möchte ich üben: ...
- Damit fange ich an: ...

Mache dir Notizen zu diesem Gespräch.

Du möchtest dein Wissen testen?

Knack den Code

1. Lies die Sätze und überlege: richtig oder falsch?
2. Kennzeichne die Felder zum Beispiel mit einem Knopf, einem Muggelstein oder einem kleinen Klebezettel.
3. Schreibe die Zeichen der Reihe nach auf einen Zettel oder in dein Heft.
4. Schreibe den Code in deinen Detektivpass oder gib ihn unter www.passwort-lupe.de ein.

Nicht im Buch ankreuzen!

Wichtige Mini-Wörter

alle
allein
aller
allerdings
alles
als
bald
beim
bisschen
bloß
dabei
danach
dann
darum
davon
davor
dem
den
des
dich
dort
eigentlich
erste
erstens
erster
euer
fast
ganz

genau
genug
gerade
hinter
jedoch
links
man
manch
mehr
mein
meine
meiner
meines
meistens
mich
nämlich
niemals
niemand
nirgendwo
oder
oft
ohne
paar
raus
rechts
schon
sehr
sei

seit
selber
selbst
solche
solchen
sonst
trotzdem
vom
voraus
vorbei
vorher
vorne
weg
wegen
weil
welch
wenig
wenige
wo
wohl
ziemlich
zuerst
zukünftig
zuletzt
zurück
zusammen
zwar

aber
bevor
damit
dass
denn
deshalb
deswegen

nachdem
sodass
sondern
während
weil
wenn

ihm
ihn
ihnen
ihr
ihrer
ihres

welche
welcher
welches

nächste
nächster
nächstes

manche
mancher
manches

jede
jeder
jedes

› rechtschreibwichtige Wörter normgerecht schreiben
› Rechtschreibhilfen verwenden: Wörterliste

› Siehe Seite 138

A

der **Abend,** die Abende
der **Abfall,** die Abfälle
der **Abflug,** die Abflüge
der **Abstand,** die Abstände
die **Achse,** die Achsen
achtlos
achtsam
der **Adler,** die Adler
der **Affe,** die Affen
ähnlich, ähnlicher, am ähnlichsten
alle
das **Alphabet, die Alphabete**
alt, älter, am ältesten
das **Altertum**
die **Ameise,** die Ameisen
angstlos
angstvoll
der **Anpfiff,** die Anpfiffe
der **Anschluss,** die Anschlüsse
ansehen, sie sieht an, sie sah an, sie hat angesehen
ansprechbar
die **Antwort,** die Antworten
antworten, er antwortet, er antwortete, er hat geantwortet
der **Anzug,** die Anzüge
die **Apotheke,** die Apotheken
sich **ärgern,** sie ärgert sich, sie ärgerte sich, sie hat sich geärgert
die **Ärztin,** die Ärztinnen
aufnehmen, er nimmt auf, er nahm auf, er hat aufgenommen
aufpassen, er passt auf, er passte auf, er hat aufgepasst
aufräumen, sie räumt auf, sie räumte auf, sie hat aufgeräumt
aufwecken, er weckt auf, er weckte auf, er hat aufgeweckt
das **Auge,** die Augen
die **Aussage,** die Aussagen
außen
außerdem
ausweglos

B

backen, er backt, er buk, er hat gebacken
bald
der **Ball,** die Bälle
der **Ballon,** die Ballons
das **Band,** die Bänder
die **Bank,** die Banken
barfuß
der **Bauch,** die Bäuche
der **Bauer,** die Bauern
der **Baum,** die Bäume
befehlen, sie befiehlt, sie befahl, sie hat befohlen
begegnen, er begegnet, er begegnete, er ist begegnet
beginnen, sie beginnt, sie begann, sie hat begonnen
begrüßen, er begrüßt, er begrüßte, er hat begrüßt
das **Beispiel,** die Beispiele
beobachten, sie beobachtet, sie beobachtete, sie hat beobachtet
bereit
bereits
der **Berg,** die Berge
der **Bericht,** die Berichte
der **Beruf,** die Berufe
besser
das **Bett,** die Betten
die **Beule,** die Beulen
der **Beweis,** die Beweise
bewusstlos
bezahlbar

› rechtschreibwichtige Wörter normgerecht schreiben
› Rechtschreibhilfen verwenden: Wörterliste

› Siehe Seite 138

der **Biber,** die Biber
die **Bibliothek,** die Bibliotheken
biegen, er biegt, er bog, er hat gebogen
biegsam
die **Biene,** die Bienen
das **Bild,** die Bilder
bildhaft
der **Biss,** die Bisse
bitten, er bittet, er bat, er hat gebeten
blass, blasser, am blassesten
das **Blatt,** die Blätter
bleiben, sie bleibt, sie blieb, sie ist geblieben
der **Blick,** die Blicke
blicken, er blickt, er blickte, er hat geblickt
blind
der **Blitz,** die Blitze
der **Block,** die Blöcke
blond
die **Bohne,** die Bohnen
der **Brand,** die Brände
brechen, es bricht, es brach, es ist gebrochen
die **Bremse,** die Bremsen
bremsen, sie bremst, sie bremste, sie hat gebremst
brennbar
brennen, es brennt, es brannte, es hat gebrannt
der **Brief,** die Briefe
die **Brille,** die Brille
bringen, sie bringt, sie brachte, sie hat gebracht
das **Buch,** die Bücher
bunt, bunter, am buntesten
die **Bürste,** die Bürsten
die **Butter**

der **Cent,** die Cents
der **Chor,** die Chöre
der **Clown,** die Clowns
der **Comic,** die Comics
der **Computer,** die Computer

die **Dame,** die Damen
dauerhaft
denkbar
denken, sie denkt, sie dachte, sie hat gedacht
der **Detektiv,** die Detektive
deutlich
deutsch
Deutschland
dicht, dichter, am dichtesten
das **Ding,** die Dinge
die **Diskette,** die Disketten
der **Donner**
donnern, es donnert, es donnerte, es hat gedonnert
doof, doofer, am doofsten
das **Dorf,** die Dörfer
die **Dose,** die Dosen
der **Draht,** die Drähte
dreckig, dreckiger, am dreckigsten
der **Druck,** die Drucke
drücken, er drückt, er drückte, er hat gedrückt
dumm, dümmer, am dümmsten
die **Dummheit,** die Dummheiten
die **Dunkelheit**
dünn, dünner, am dünnsten

die **Ecke,** die Ecken
eckig, eckiger, am eckigsten
ehrlich, ehrlicher, am ehrlichsten
das **Eigentum,** die Eigentümer
einfach, einfacher, am einfachsten

› Siehe Seite 138

einfüllen,
er füllt ein,
er füllte ein,
er hat eingefüllt
einpacken,
sie packt ein,
sie packte ein,
sie hat eingepackt
einsam, einsamer,
am einsamsten
das **Eis**
elektrisch
die **Elster,** die Elstern
die **Eltern**
die **E-Mail,** die E-Mails
empfinden,
er empfindet,
er empfand,
er hat empfunden
empfindlich,
empfindlicher,
am empfindlichsten
die **Endung,**
die Endungen
entdecken,
sie entdeckt,
sie entdeckte,
sie hat entdeckt
entfernen,
er entfernt,
er entfernte,
er hat entfernt
die **Entfernung,**
die Entfernungen
entgegen
entwickeln,
er entwickelt,
er entwickelte,
er hat entwickelt

die **Entwicklung,**
die Entwicklungen
die **Erbse,** die Erbsen
die **Erde**
das **Ereignis,**
die Ereignisse
erfinden,
sie erfindet,
sie erfand,
sie hat erfunden
die **Erfindung,**
die Erfindungen
der **Erfolg,** die Erfolge
ergänzen,
sie ergänzt,
sie ergänzte,
sie hat ergänzt
die **Ergänzung,**
die Ergänzungen
das **Ergebnis,**
die Ergebnisse
erkältet
erklären,
er erklärt,
er erklärte,
er hat erklärt
erlauben,
sie erlaubt,
sie erlaubte,
sie hat erlaubt
die **Erlaubnis,**
die Erlaubnisse
erleben, er erlebt,
er erlebte,
er hat erlebt
erwarten,
sie erwartet,
sie erwartete,
sie hat erwartet

die **Erwartung,**
die Erwartungen
erzählen,
er erzählt,
er erzählte,
er hat erzählt
die **Erzählung,**
die Erzählungen
der **Esel,** die Esel
essbar
essen,
sie isst, sie aß,
sie hat gegessen
die **Eule,** die Eulen
Europa

fahren, sie fährt,
sie fuhr,
sie ist gefahren
das **Fahrrad,**
die Fahrräder
der **Fall,** die Fälle
die **Falle,** die Fallen
fangen,
er fängt, er fing,
er hat gefunden
fantasielos
fantasievoll
fantastisch,
fantastischer,
am fantastischsten
die **Faust,** die Fäuste
die **Feder,** die Federn
fehlerfrei
feilen,
er feilt, er feilte,
er hat gefeilt

› rechtschreibwichtige Wörter normgerecht schreiben
› Rechtschreibhilfen verwenden: Wörterliste

› Siehe Seite 138

die **Feindschaft,** die Feindschaften
die **Ferien**
fernsehen, sie sieht fern, sie sah fern, sie hat ferngesehen
der **Fernseher,** die Fernseher
fertig
das **Fest,** die Feste
das **Fett,** die Fette
fett, fetter, am fettesten
feucht, feuchter, am feuchtesten
das **Feuer,** die Feuer
der **Film,** die Filme
finden, sie findet, sie fand, sie hat gefunden
die **Finsternis**
die **Flasche,** die Flaschen
die **Flaute,** die Flauten
flechten, er flechtet, er flocht, er hat geflochten
die **Fledermaus,** die Fledermäuse
fleißig, fleißiger, am fleißigsten
die **Fliege,** die Fliegen
fliegen, sie fliegt, sie flog, sie ist geflogen
flitzen, er flitzt, er flitzte, er ist geflitzt

die **Flosse,** die Flossen
das **Flugzeug,** die Flugzeuge
der **Fluss,** die Flüsse
flüssig, flüssiger, am flüssigsten
die **Flüssigkeit,** die Flüssigkeiten
das **Flusspferd,** die Flusspferde
flüstern, er flüstert, er flüsterte, er hat geflüstert
die **Forschung,** die Forschungen
das **Foto,** die Fotos
fotografieren, er fotografiert, er fotografierte, er hat fotografiert
fragen, sie fragt, sie fragte, sie hat gefragt
fremd, fremder, am fremdesten
fressen, er frisst, er fraß, er hat gefressen
freudlos
freudvoll
der **Freund,** die Freunde
die **Freundin,** die Freundinnen
frieren, sie friert, sie fror, sie hat gefroren
früh, früher, am frühsten

das **Frühstück,** die Frühstücke
der **Fuchs,** die Füchse
fühlen, er fühlt, er fühlte, er hat gefühlt
fürchten, sie fürchtet, sie fürchtete, sie hat gefürchtet
der **Fuß,** die Füße
der **Fußball,** die Fußbälle
füttern, er füttert, er fütterte, er hat gefüttert

die **Gardine,** die Gardinen
das **Gebäck**
geben, er gibt, er gab, er hat gegeben
der **Geburtstag,** die Geburtstage
das **Gefängnis,** die Gefängnisse
das **Gefühl,** die Gefühle
das **Geheimnis,** die Geheimnisse
gehen, er geht, er ging, er ist gegangen
gehörlos
das **Geld,** die Gelder
die **Gemeinde,** die Gemeinden
der **Gesang,** die Gesänge
das **Geschäft,** die Geschäfte

› rechtschreibwichtige Wörter normgerecht schreiben
› Rechtschreibhilfen verwenden: Wörterliste

› Siehe Seite 138

geschehen,
es geschieht,
es geschah,
es ist geschehen
die **Geschichte,**
die Geschichten
das **Geschirr**
die **Geschwister**
das **Gesetz,**
die Gesetze
das **Geständnis,**
die Geständnisse
die **Gesundheit**
gewaltlos
gewaltsam
der **Gewinn,**
die Gewinne
gewinnen,
sie gewinnt,
sie gewann,
sie hat gewonnen
das **Gewitter,**
die Gewitter
die **Gewohnheit,**
die Gewohnheiten
gießen,
er gießt, er goss,
er hat gegossen
die **Gitarre,** die Gitarren
das **Glas,** die Gläser
glatt, glatter,
am glattesten
die **Glatze,** die Glatzen
glauben,
sie glaubt,
sie glaubte,
sie hat geglaubt
glaubhaft
das **Glück**

glühen, es glüht,
es glühte,
es hat geglüht
graben,
sie gräbt, sie grub,
sie hat gegraben
das **Gras,** die Gräser
grauenhaft
grauenvoll
grausam,
grausamer,
am grausamsten
groß, größer,
am größten
die **Größe,** die Größen
die **Gründung,**
die Gründungen
die **Gruppe,** die Gruppen
der **Gruß,** die Grüße
grüßen, sie grüßt,
sie grüßte,
sie hat gegrüßt
gucken,
er guckt, er guckte,
er hat geguckt
gut, besser,
am besten

H

das **Haar,** die Haare
haben,
er hat, er hatte,
er hat gehabt
der **Hammer,**
die Hämmer
hängen,
es hängt, es hing,
es hat gehangen

der **Hase,** die Hasen
hassen,
er hasst, er hasste,
er hat gehasst
der **Haufen,** die Haufen
häufig
das **Haus,** die Häuser
das **Heiligtum,**
die Heiligtümer
hell, heller,
am hellsten,
der **Herbst**
die **Herstellung**
heute
die **Hilfe,** die Hilfen
der **Himmel**
himmlisch
hineinstreuen,
sie streut hinein,
sie streute hinein,
sie hat hineingestreut
der **Hinweis,** die Hinweise
die **Hitze**
hoch, höher,
am höchsten
der **Hocker,** die Hocker
hoffen,
sie hofft, sie hoffte,
sie hat gehofft
die **Hoffnung,**
die Hoffnungen
die **Höhe,** die Höhen
holen,
er holt, er holte,
er hat geholt
hörbar
hören,
sie hört, sie hörte,
sie hat gehört

› rechtschreibwichtige Wörter normgerecht schreiben
› Rechtschreibhilfen verwenden: Wörterliste

› Siehe Seite 138

die **Hose,** die Hosen
hübsch, hübscher, am hübschesten
hüpfen, sie hüpft, sie hüpfte, sie hat gehüpft
der **Hut,** die Hüte
die **Hütte,** die Hütten

die **Idee,** die Ideen
der **Imbiss,** die Imbisse
impfen, sie impft, sie impfte, sie hat geimpft
die **Impfung,** die Impfungen
die **Information,** die Informationen
informieren, er informiert, er informierte, er hat informiert
der **Instinkt,** die Instinkte
interessant, interessanter, am interessantesten
das **Interesse,** die Interessen
international
das **Internet**
das **Interview,** die Interviews
irgendwann
irgendwie
der **Irrtum,** die Irrtümer

jährlich
jemand
jonglieren, sie jongliert, sie jonglierte, sie hat jongliert
die **Jugend**
jugendlich
jung, jünger, am jüngsten

die **Kabine,** die Kabinen
kalt, kälter, am kältesten
die **Kälte**
das **Kamel,** die Kamele
der **Kamin,** die Kamine
der **Kamm,** die Kämme
kämmen, er kämmt, er kämmte, er hat gekämmt
kämpfen, sie kämpft, sie kämpfte, sie hat gekämpft
kampflos
die **Kanne,** die Kannen
die **Karte,** die Karten
die **Kartoffel,** die Kartoffeln
die **Kasse,** die Kassen
die **Kastanie,** die Kastanien
die **Katastrophe,** die Katastrophen
kaufen, er kauft, er kaufte, er hat gekauft
kennen, sie kennt, sie kannte, sie hat gekannt
die **Kenntnis,** die Kenntnisse
die **Kiefer,** die Kiefern
die **Kirche,** die Kirchen
klappen, es klappt, es klappte, es hat geklappt
klar, klarer, am klarsten
kleben, es klebt, es klebte, es hat geklebt
das **Kleid,** die Kleider
die **Kleidung**
die **Klette,** die Kletten
klettern, er klettert, er kletterte, er ist geklettert
klug, klüger, am klügsten
das **Knie,** die Knie
kochen, er kocht, er kochte, er hat gekocht
komisch, komischer, am komischsten
kommen, sie kommt, sie kam, sie ist gekommen
der **Kompass,** die Kompasse

› rechtschreibwichtige Wörter normgerecht schreiben
› Rechtschreibhilfen verwenden: Wörterliste

› Siehe Seite 138

können,
er kann, er konnte,
er hat gekonnt
die **Kontrolle,**
die Kontrollen
der **Korb,** die Körbe
kostbar
kosten,
sie kostet,
sie kostete,
sie hat gekostet
krabbeln,
es krabbelt,
es krabbelte,
es ist gekrabbelt
kraftlos
kraftvoll
der **Krebs,** die Krebse
die **Kreide**
das **Kreuz,** die Kreuze
die **Kreuzung,**
die Kreuzungen
kriechen,
es kriecht, es kroch,
es ist gekrochen
der **Krieg,** die Kriege
kriegen,
er kriegt, er kriegte,
er hat gekriegt
das **Krokodil,**
die Krokodile
krumm, krummer,
am krummsten
die **Küche,** die Küchen
der **Kuchen,** die Kuchen
der **Kuss,** die Küsse
küssen,
er küsst, er küsste,
er hat geküsst

L

lachen,
sie lacht, sie lachte,
sie hat gelacht
der **Laden,** die Läden
lang, länger,
am längsten
die **Länge,** die Längen
lassen,
sie lässt, sie ließ,
sie hat gelassen
das **Laub**
laufen,
sie läuft, sie lief,
sie ist gelaufen
die **Laus,** die Läuse
laut, lauter,
am lautesten
leer
die **Leere**
die **Lehre,** die Lehren
der **Lehrer,** die Lehrer
lesbar
lesen,
sie liest, sie las,
sie hat gelesen
die **Leuchte,**
die Leuchten
die **Leute**
das **Lexikon,** die Lexika
lieben,
sie liebt, sie liebte,
sie hat geliebt
liebevoll
lieblos
liegen,
er liegt, er lag,
er hat gelegen
das **Lineal,** die Lineale
die **Linie,** die Linien
das **Lob,** die Lobe
loben,
sie lobt, sie lobte,
sie hat gelobt
das **Los,** die Lose
die **Luft,** die Lüfte
lügen, er lügt, er log,
er hat gelogen
die **Lupe,** die Lupen
lustlos
lustvoll

M

machbar
machen, sie macht,
sie machte,
sie hat gemacht
das **Mädchen,**
die Mädchen
der **Magnet,** die Magnete
das **Mahl**
mahlen, sie mahlt,
sie mahlte,
sie hat gemahlen
das **Mal,** die Male
die **Mannschaft,**
die Mannschaften
das **Märchen,**
die Märchen
März
das **Maß,** die Maße
das **Material,**
die Materialien
die **Mathematik**
die **Mediathek,**
die Mediatheken

› rechtschreibwichtige Wörter normgerecht schreiben
› Rechtschreibhilfen verwenden: Wörterliste
› Siehe Seite 138

die **Medien**
die **Medizin**
das **Meer,** die Meere
mehr
meistens
der **Mensch,** die Menschen
messen, er misst, er maß, er hat gemessen
das **Messer,** die Messer
die **Methode,** die Methoden
die **Miete,** die Mieten
das **Mikroskop,** die Mikroskope
die **Milch**
mischen, er mischt, er mischte, er hat gemischt
misstrauisch
mitbringen, sie bringt mit, sie brachte mit, sie hat mitgebracht
der **Mittag,** die Mittage
das **Mittagessen,** die Mittagessen
der **Mixer,** die Mixer
möchten, sie möchte, sie mochte, sie hat gemocht
mögen, er mag, er mochte, er hat gemocht
der **Mond,** die Monde
das **Monster,** die Monster
müde, müder, am müdesten
die **Mühe,** die Mühen
müssen, sie muss, sie musste, sie hat gemusst

N

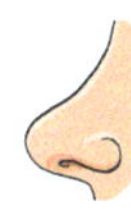

die **Nachbarn**
der **Nachmittag,** die Nachmittage
die **Nacht,** die Nächte
nachts
nah, näher, am nächsten
die **Nähe**
nähen, er näht, er nähte, er hat genäht
die **Nahrung**
die **Naht,** die Nähte
nämlich
die **Nase,** die Nasen
nass, nasser, am nassesten
die **Nässe**
die **Natur**
natürlich
nehmen, er nimmt, er nahm, er hat genommen
neidisch, neidischer, am neidischsten
neidlos
neidvoll
die **Note,** die Noten
die **Nummer,** die Nummern
nummerieren, er nummeriert, er nummerierte, er hat nummeriert
die **Nuss,** die Nüsse
nutzen, er nutzt, er nutzte, er hat genutzt
nützen, es nützt, es nützte, es hat genützt
nützlich, nützlicher, am nützlichsten

O

das **Obst**
der **Ofen,** die Öfen
die **Öffnung,** die Öffnungen
die **Ortschaft,** die Ortschaften
Ostern

P

packen, er packt, er packte, er hat gepackt
das **Paket,** die Pakete
der **Pass,** die Pässe
passen, es passt, es passte, es hat gepasst
passieren, es passiert,

› Siehe Seite 138

es passierte,
es ist passiert
der **Pfad,** die Pfade
das **Pflaster,** die Pflaster
der **Pharao,**
die Pharaonen
die **Physik**
die **Pilotin,**
die Pilotinnen
der **Pinguin,**
die Pinguine
platzen, er platzt,
er platzte,
er ist geplatzt
die **Praline,** die Pralinen
der **Preis,** die Preise
proben, er probt,
er probte,
er hat geprobt
probieren,
sie probiert,
sie probierte,
sie hat probiert
das **Programm,**
die Programme
prüfen,
er prüft, er prüfte,
er hat geprüft
der **Pullover,**
die Pullover
die **Pünktlichkeit**

Qu

der **Quader,** die Quader
das **Quadrat,**
die Quadrate
die **Qual,** die Qualen
quälen, sie quält,
sie quälte,
sie hat gequält
die **Qualle,** die Quallen
die **Quelle,** die Quellen
quer

R

das **Radio,** die Radios
rascheln,
es raschelt,
es raschelte,
es hat geraschelt
raten,
er rät, er riet,
er hat geraten
ratlos
ratsam
der **Raub**
der **Raum,** die Räume
räumen, sie räumt,
sie räumte,
sie hat geräumt
sich **räuspern,**
er räuspert sich,
er räusperte sich,
er hat sich
geräuspert
die **Rechnung,**
die Rechnungen
die **Rede,** die Reden
der **Regenwurm,**
die Redenwürmer
regnen, es regnet,
es regnete,
es hat geregnet
das **Reh,** die Rehe
die **Reinigung,**
die Reinigungen
reisen, sie reist,
sie reiste,
sie ist gereist
reißen,
es reißt, es riss,
es ist gerissen
rennen,
er rennt, er rannte,
er ist gerannt
die **Rettung,**
die Rettungen
richtig
riechen,
es riecht, es roch,
es hat gerochen
riesig, riesiger,
am riesigsten
die **Ritterschaft**
das **Rittertum**
die **Robbe,** die Robben
die **Robe,** die Roben
die **Rolle,** die Rollen
die **Rosine,** die Rosinen
rufen,
sie ruft, sie rief,
sie hat gerufen
die **Ruhe**
rund, runder,
am rundesten
der **Rüssel,** die Rüssel

S

die **Sache,** die Sachen
sägen,
er sägt, er sägte,
er hat gesägt
sagen,
sie sagt, sie sagte,

› rechtschreibwichtige Wörter normgerecht schreiben
› Rechtschreibhilfen verwenden: Wörterliste

› Siehe Seite 138

sie hat gesagt
der **Samen,** die Samen
sammeln,
er sammelt,
er sammelte,
er hat gesammelt
der **Sand**
der **Satz,** die Sätze
die **Säule,** die Säulen
das **Saxophon,**
die Saxophone
schaffen,
sie schafft,
sie schaffte,
sie hat geschafft
der **Schal,** die Schals
der **Schall**
schalten,
sie schaltet,
sie schaltete,
sie hat geschaltet
der **Schalter,**
die Schalter
scharf, schärfer,
am schärfsten
die **Schärfe**
der **Schatten,**
die Schatten
die **Schaukel,**
die Schaukeln
schenken,
er schenkt,
er schenkte,
er hat geschenkt
scherzhaft
schieben, sie
schiebt, sie schob,
sie hat geschoben
schief, schiefer,
am schiefsten
das **Schild,** die Schilder
die **Schildkröte,**
die Schildkröten
schimpfen,
er schimpft,
er schimpfte,
er hat geschimpft
schlaflos
schlagen,
sie schlägt,
sie schlug,
sie hat geschlagen
der **Schlauch,**
die Schläuche
schlecht,
schlechter,
am schlechtesten
schließen,
er schließt,
er schloss,
er hat geschlossen
schließlich
schlimm,
schlimmer,
am schlimmsten
das **Schloss,**
die Schlösser
der **Schluss,**
die Schlüsse
der **Schlüssel,**
die Schlüssel
schmecken,
es schmeckt,
es schmeckte,
es hat geschmeckt
schmeißen,
sie schmeißt,
sie schmiss,
sie hat geschmissen
der **Schmutz**
schmutzig,
schmutziger,
am schmutzigsten
der **Schnabel,**
die Schnäbel
der **Schnee**
schnell, schneller,
am schnellsten
schnüffeln,
sie schnüffelt,
sie schnüffelte,
sie hat geschnüffelt
schreiben,
er schreibt,
er schrieb,
er hat geschrieben
der **Schritt,** die Schritte
der **Schuh,** die Schuhe
schulisch
schütteln,
sie schüttelt,
sie schüttelte,
sie hat geschüttelt
der **Schutz**
schützen,
er schützt,
er schützte,
er hat geschützt
schweigen,
sie schweigt,
sie schwieg,
sie hat geschwiegen
schwierig,
schwieriger,
am schwierigsten
das **Schwimmbad,**
die Schwimmbäder

› rechtschreibwichtige Wörter normgerecht schreiben
› Rechtschreibhilfen verwenden: Wörterliste

› Siehe Seite 138

schwimmen, er schwimmt, er schwamm, er ist geschwommen
schwindeln, sie schwindelt, sie schwindelte, sie hat geschwindelt
schwitzen, er schwitzt, er schwitzte, er hat geschwitzt
sehr
sein, er ist, er war, er ist gewesen
seltsam, seltsamer, am seltsamsten
der **Sessel,** die Sessel
sich **setzen,** sie setzt sich, sie setzte sich, sie hat sich gesetzt
das **Sieb,** die Siebe
siegen, er siegt, er siegte, er hat gesiegt
singen, er singt, er sang, er hat gesungen
sinken, es sinkt, es sank, es ist gesunken
sinnlos
sinnvoll
sitzen, er sitzt, er saß, er hat gesessen
die **Skizze,** die Skizzen
der **Sommer**
die **Sonne,** die Sonnen
die **Soße,** die Soßen
sparen, er spart, er sparte, er hat gespart
der **Spaß,** die Späße
spät, später, am spätesten
spazieren, sie spaziert, sie spazierte, sie ist spaziert
der **Spaziergang,** die Spaziergänge
spiegeln, es spiegelt, es spiegelte, es hat gespiegelt
das **Spiel,** die Spiele
spielen, er spielt, er spielte, er hat gespielt
der **Spieß,** die Spieße
spitz, spitzer, am spitzesten
die **Spitze,** die Spitzen
sprachlos
spritzen, es spritzt, es spritzte, es hat gespritzt
der **Spross,** die Sprossen
die **Spur,** die Spuren
der **Stamm,** die Stämme
stecken, sie steckt, sie steckte, sie hat gesteckt
stehen, sie steht, sie stand, sie hat gestanden
das **Steuer,** die Steuer
steuern, sie steuert, sie steuerte, sie hat gesteuert
der **Stiel,** die Stiele
stimmen, es stimmt, es stimmte, es hat gestimmt
der **Stoff,** die Stoffe
stolpern, er stolpert, er stolperte, er ist gestolpert
stolz, stolzer, am stolzesten
die **Strafe,** die Strafen
die **Straße,** die Straßen
der **Strauß,** die Sträuße
streicheln, sie streichelt, sie streichelte, sie hat gestreichelt
streichen, er streicht, er strich, er hat gestrichen
der **Streifen,** die Streifen
der **Strom,** die Ströme
strömen, es strömt, es strömte, es ist geströmt
die **Strophe,** die Strophen
die **Stube,** die Stuben
das **Stück,** die Stücke
der **Stuhl,** die Stühle
der **Sturm,** die Stürme

› rechtschreibwichtige Wörter normgerecht schreiben
› Rechtschreibhilfen verwenden: Wörterliste
› Siehe Seite 138

stürzen, er stürzt, er stürzte, er ist gestürzt
die **Suche,** die Suchen
suchen, sie sucht, sie suchte, sie hat gesucht
surfen, er surft, er surfte, er hat gesurft
süß, süßer, am süßesten
die **Süßigkeit,** die Süßigkeiten

T

das **Tablet,** die Tablets
täglich
tanzen, er tanzt, er tanzte, er hat getanzt
die **Tasse,** die Tassen
der **Tatort,** die Tatorte
tauchen, er taucht, er tauchte, er ist getaucht
der **Taucher,** die Taucher
tausend
die **Technik,** die Techniken
der **Tempel,** die Tempel
die **Temperatur,** die Temperaturen
der **Text,** die Texte
das **Theater,** die Theater
das **Theaterstück,** die Theaterstücke
die **Theke,** die Theken
das **Thema,** die Themen
die **Therapie,** die Therapien
die **Thermohose,** die Thermohosen
das **Thermometer,** die Thermometer
die **Thermoskanne,** die Thermoskannen
das **Thermostat,** die Thermostate
der **Thron,** die Throne
tief, tiefer, am tiefsten
die **Tiefe,** die Tiefen
das **Tier,** die Tiere
der **Tiger,** die Tiger
toben, er tobt, er tobte, er hat getobt
der **Tod,** die Tode
toll, toller, am tollsten
das **Tor,** die Tore
tot
tragen, er trägt, er trug, er hat getragen
trainieren, er trainiert, er trainierte, er hat trainiert
der **Traum,** die Träume
träumen, sie träumt, sie träumte, sie hat geträumt
traurig, trauriger, am traurigsten
treffen, er trifft, er traf, er hat getroffen
treiben, es treibt, es trieb, es ist getrieben
treu, treuer, am treuesten
treulos
trinkbar
trocken, trockener, am trockensten
trösten, sie tröstet, sie tröstete, sie hat getröstet
tun, er tut, er tat, er hat getan

U

überglücklich
überlegen, er überlegt, er überlegte, er hat überlegt
überqueren, sie überquert, sie überquerte, sie hat überquert
übertreiben, er übertreibt, er übertrieb, er hat übertrieben
die **Übung,** die Übungen
der **Uhu,** die Uhus
umkehren, er kehrt um, er kehrte um, er ist umgekehrt

der **Unfall,** die Unfälle
ungefähr
das **Ungeheuer,** die Ungeheuer
unglaublich
der **Unterricht**
unterwegs
unvorstellbar

V

der **Vampir,** die Vampire
verbieten, sie verbietet, sie verbot, sie hat verboten
verbrauchen, er verbraucht, er verbrauchte, er hat verbraucht
verbrennt, es verbrennt, es verbrannte, es ist verbrannt
vereinen, sie vereint, sie vereinte, sie hat vereint
vergessen, er vergisst, er vergaß, er hat vergessen
vergleichen, sie vergleicht, sie verglich, sie hat verglichen
das **Verhältnis,** die Verhältnisse
verkaufen, sie verkauft, sie verkaufte, sie hat verkauft
die **Verkäuferin,** die Verkäuferinnen
sich **verletzten,** er verletzt sich, er verletzte sich, er hat sich verletzt
die **Verletzung,** die Verletzungen
verlieren, sie verliert, sie verlor, sie hat verloren
veröffentlicht
verpacken, er verpackt, er verpackte, er hat verpackt
verrückt, verrückter, am verrücktesten
der **Vers,** die Verse
der **Verschluss,** die Verschlüsse
verschmutzen, sie verschmutzt, sie verschmutzte, sie hat verschmutzt
versprechen, er verspricht, er versprach, er hat versprochen
verstecken, sie versteckt, sie versteckte, sie hat versteckt
vertrauen, er vertraut, er vertraute, er hat vertraut
verwandeln, sie verwandelt, sie verwandelte, sie hat verwandelt
die **Verwandtschaft,** die Verwandtschaften
verwandt
viele
der **Vogel,** die Vögel
voll, voller, am vollsten
vorfahren, er fährt vor, er fuhr vor, er ist vorgefahren
der **Vorfall,** die Vorfälle
der **Vorhang,** die Vorhänge
vorlesen, sie liest vor, er las vor, er hat vorgelesen
der **Vormittag,** die Vormittage
sich **vornehmen,** er nimmt sich vor, er nahm sich vor, er hat sich vorgenommen
der **Vorschlag,** die Vorschläge
vorschlagen, sie schlägt vor, sie schlug vor, sie hat vorgeschlagen
vorsichtig, vorsichtiger, am vorsichtigsten

› rechtschreibwichtige Wörter normgerecht schreiben
› Rechtschreibhilfen verwenden: Wörterliste

› Siehe Seite 138

der **Vorteil,** die Vorteile
vortragen, er trägt vor, er trug vor, er hat vorgetragen

W

die **Wache,** die Wachen
wachen, sie wacht, sie wachte, sie hat gewacht
das **Wachs**
wachsam, wachsamer, am wachsamsten
das **Wachstum**
die **Wahl,** die Wahlen
wählen, sie wählt, sie wählte, sie hat gewählt
wahr
die **Wahrheit,** die Wahrheiten
wahrscheinlich
der **Wal,** die Wale
wandern, er wandert, er wanderte, er ist gewandert
das **Wasser**
wechseln, sie wechselt, sie wechselte, sie hat gewechselt
der **Wecker,** die Wecker
weich, weicher, am weichsten
Weihnachten
weit, weiter, am weitesten
werden, er wird, er wurde, er ist geworden
das **Werkzeug,** die Werkzeuge
das **Wetter**
wichtig, wichtiger, am wichtigsten
wiegen, es wiegt, es wog, es hat gewogen
die **Wildnis**
winken, er winkt, er winkte, er hat gewinkt
wirksam, wirksamer, am wirksamsten
wissen, sie weiß, sie wusste, sie hat gewusst
die **Wissenschaft,** die Wissenschaften
die **Wolke,** die Wolken
wollen, er will, er wollte, er hat gewollt
wunderbar
wünschen, sie wünscht, sie wünschte, sie hat gewünscht
würdelos
würdevoll
würzen, er würzt, er würzte, er hat gewürzt
wütend, wütender, am wütendsten

Z

der **Zahn,** die Zähne
der **Zeh,** die Zehen
zeichnen, er zeichnet, er zeichnete, er hat gezeichnet
die **Zeichnung,** die Zeichnungen
die **Zeitung,** die Zeitungen
ziehen, sie zieht, sie zog, sie hat gezogen
das **Ziel,** die Ziele
die **Zitrone,** die Zitronen
der **Zoo,** die Zoos
der **Zucker**
der **Zug,** die Züge
zusammen
zusammenrücken, sie rücken zusammen, sie rückten zusammen, sie sind zusammengerückt
der **Zwerg,** die Zwerge

› Siehe Seite 138

Kompetenzübersicht

Kapitel und Leitperspektive	Kompetenzbereich: Sprechen und Zuhören	Kompetenzbereich: Texte verfassen	Kompetenzbereich: Sprache untersuchen	Kompetenzbereich: Richtig schreiben	Digitale Kompetenzen
Seite 7–26 Kapitel 1: **leben – lernen – respektieren** Leitperspektive: Bildung von Toleranz und Akzeptanz	• funktionsangemessen sprechen: beschreiben • Beobachtungen wiedergeben, Rechercheergebnisse auswerten • über Lernerfahrungen sprechen • Lernergebnisse präsentieren • gemeinsam entwickelte Regeln beachten • eigenen Lernstand einschätzen und Lernschritte planen	**Sachtext** kennenlernen, planen, schreiben und überarbeiten • Texte planen: Schreibideen entwickeln und sammeln • sprachliche Mittel und Ideen sammeln • Texte schreiben: nach Mustern/Anregungen eigene Texte schreiben • informierenden Text verfassen: Sachtext • verständlich, strukturiert und adressatengerecht schreiben • Texte präsentieren: Text für die Veröffentlichung aufbereiten • Texte übersichtlich und zweckmäßig gestalten • flüssig und gut lesbar schreiben	**Nomen** kennenlernen und verwenden • Merkmale von Nomen kennen • Pronomen kennenlernen und verwenden • grammatisches Geschlecht von Nomen kennenlernen • sprachliche Begriffe kennen und verwenden: Nomen, Pronomen, Geschlecht, männlich, weiblich, sächlich • Fälle von Nomen kennenlernen und benennen • sprachliche Operationen kennen und nutzen: **Einsetzprobe/Fallprobe** • sprachliche Begriffe kennen und verwenden: Fall, Nominativ-Fall, Akkusativ-Fall, Dativ-Fall, Genitiv-Fall	Rechtschreibstrategien verwenden: **Schiebewortprobe** (Nomen großschreiben) • grammatisches Wissen für die Rechtschreibung nutzen • über Fehlersensibilität verfügen • rechtschreibwichtige Wörter normgerecht schreiben • Übungsformen selbstständig nutzen • Wortschatz erweitern und selbstständig üben • Wörter nachschlagen • Rechtschreibhilfen verwenden: Wörterliste, Wörterbuch	• Informationen im Internet recherchieren • über Quellen und Wahrheitsgehalt von Informationen nachdenken • Kindersuchmaschine verwenden • Browser kennen und nutzen • über geeignete Suchbegriffe nachdenken und diese erproben • Texte am Computer schreiben und gestalten • mit Schrift/Schriften gestalten • Lernergebnisse (auch) digital gestalten und präsentieren
Seite 27–44 Kapitel 2: **essen – bewegen – genießen** Leitperspektive: Prävention und Gesundheitsförderung	• über Lernerfahrungen sprechen **(Anleitung)** • Beobachtungen wiedergeben • sich an Gesprächen beteiligen • funktionsangemessen sprechen: erzählen, beschreiben • Lernergebnisse präsentieren • über Lernerfahrungen sprechen • eigenen Lernstand einschätzen und Lernschritte planen	**Anleitungen** kennenlernen, lesen und als Schreibanlass nutzen • Texte planen: Schreibabsicht, Schreibsituation, Adressaten, Verwendungszusammenhang und Textsorte klären • Texte planen: Wörter und Wortfelder entwickeln • sprachliche Mittel sammeln und ordnen • informierenden Text verfassen • Texte schreiben: Texte nach Mustern schreiben • Texte schreiben: strukturiert und adressatengerecht schreiben • Texte in Bezug auf die äußere und sprachliche Gestaltung hin optimieren • Texte präsentieren	**Adjektive** kennenlernen und verwenden • Funktion von Adjektiven erkennen • Leistungen von Wortarten untersuchen • mit Sprache experimentell und spielerisch umgehen • Merkmale von Adjektiven kennenlernen: Vergleichsformen • grundlegende sprachliche Begriffe kennen: Adjektiv, Gegensatz, Vergleichsformen • Struktur von Sätzen untersuchen: Aufzählungen, Nebensätze • Zeichensetzung beachten: Komma • grundlegende sprachliche Begriffe kennenlernen: Doppelpunkt, Komma, Konjunktion	Rechtschreibstrategien verwenden: **Merkwörter** üben • Merkwörter mit ä/äu, b, d • Merkwörter mit h • Merkwörter mit Th/th und Ph/ph • über Fehlersensibilität verfügen • rechtschreibwichtige Wörter normgerecht schreiben • Übungsformen selbstständig nutzen	• Anleitungen im Internet recherchieren • Kindersuchmaschinen verwenden • Browser kennenlernen • Anleitung für Suchmaschinen anwenden • Bedeutung von Fremdwörtern recherchieren • Anleitung mit digitalen Medien präsentieren • Erklärvideo erstellen • Texte mit dem Computer schreiben und gestalten • Rechtschreibprüfung des Computers nutzen

Kapitel und Leitperspektive	Kompetenzbereich: Sprechen und Zuhören	Kompetenzbereich: Texte verfassen	Kompetenzbereich: Sprache untersuchen	Kompetenzbereich: Richtig schreiben	Digitale Kompetenzen
Seite 45–62 Kapitel 3: **beobachten – verstehen – schützen** Leitperspektive: Bildung für nachhaltige Entwicklung	• *über Lernerfahrungen sprechen **(Gedichte)*** • *kreativ und spielerisch mit Sprache umgehen: Sprachspiele, Reime* • *Beobachtungen wiedergeben* • *sich an Gesprächen beteiligen* • *Lernergebnisse präsentieren* • *Texte gestaltend vortragen* • *über Lernerfahrungen sprechen* • *eigenen Lernstand einschätzen und Lernschritte planen*	***Gedichte*** kennenlernen, planen, schreiben und präsentieren • *Texte planen: Schreibabsicht, Schreibsituation, Adressaten, Verwendungszusammenhang und Textsorte klären* • *kreativ und spielerisch mit Sprache umgehen* • *sprachliche Mittel und Ideen sammeln* • *Texte schreiben: Texte nach Mustern schreiben* • *Texte überarbeiten: Text an der Schreibaufgabe überprüfen* • *Texte präsentieren* • *flüssig und gut lesbar schreiben*	***Wortfamilien*** kennenlernen und verwenden • *sprachliche Strukturen entdecken: Wörter mit gleichem Wortstamm bilden* • *mit Sprache experimentell und spielerisch umgehen* • *Möglichkeiten der Wortbildung kennen und nutzen* • *sprachliche Strukturen entdecken: Wörter aus Wortfamilien verwenden* • *Wortstamm erkennen* • *Wortstamm erweitern: nachgestellte Wortbausteine* • *nachgestellte Wortbausteine als Signale für Wortarten kennenlernen* • *grundlegende sprachliche Begriffe kennen: Wortstamm, Wortfamilie, Wortbaustein*	Rechtschreibstrategien verwenden: auf den ***Wortstamm*** achten • *Stammkonstanz für die Rechtschreibung nutzen* • *über Fehlersensibilität/ Rechtschreibgespür verfügen* • *morphematische Strategien anwenden: Stammkonstanz bei Komposita* • *über Fehlersensibilität verfügen* • *rechtschreibwichtige Wörter normgerecht schreiben* • *Übungsformen selbstständig nutzen*	• *zu Gedichten und Wortspielen recherchieren* • *Kindersuchmaschinen verwenden* • *Browser kennenlernen* • *Anleitung für Suchmaschinen anwenden* • *Gedichtvortrag mit dem Tablet aufnehmen* • *Rechtschreibprüfung des PC nutzen*
Seite 63–80 Kapitel 4: **haben – wünschen – brachen** Leitperspektive: Verbraucherbildung	• *über Lernerfahrungen sprechen **(Geschichten, Lügengeschichten)*** • *funktionsangemessen sprechen: erzählen* • *sich an Gesprächen beteiligen* • *über Lernerfahrungen sprechen* • *eigenen Lernstand einschätzen und Lernschritte planen*	***Lügengeschichten*** kennenlernen, planen, schreiben und präsentieren • *Texte planen: Schreibabsicht, Schreibsituation, Adressaten, Verwendungszusammenhang und Textsorte klären* • *Texte planen: Struktur einer Geschichte kennen und anwenden* • *sprachliche Mittel und Ideen sammeln* • *kreativ mit Sprache umgehen* • *Texte schreiben und überarbeiten: Geschichte* • *Texte an der Schreibaufgabe überprüfen* • *Texte überarbeiten: Schreibkonferenz* • *Texte sprachlich optimieren, gestalten und veröffentlichen* • *Texte präsentieren*	***Verben*** kennenlernen • *Funktion von Verben erkennen* • *Verben kennenlernen: Personenprobe als Verbprobe* • *Personalformen kennenlernen und anwenden* • *sprachliche Operationen nutzen: ergänzen* • *Zusammenhang von Zeitform und Textsorte erkennen* • *Zeitformen kennenlernen und verwenden: Präsens, Präteritum, Perfekt, Futur* • *grundlegende sprachliche Begriffe kennen: Verb, Personalform, Grundform, Präsens, Präteritum, Perfekt, Futur*	Rechtschreibstrategien verwenden: ***Vokallänge prüfen*** • *Lautqualität von Vokalen unterscheiden* • *Konsonanten an der Silbenfuge untersuchen* • *Wörter mit Doppelkonsonanz schreiben* • *Stammprinzip beachten* • *grammatisches Wissen für die Rechtschreibung nutzen* • *ähnliche Laute und Lautfolgen unterscheiden und sie entsprechenden Buchstaben zuordnen* • *über Fehlersensibilität verfügen* • *rechtschreibwichtige Wörter normgerecht schreiben* • *Übungsformen selbstständig nutzen*	• *Pro- und Kontra-Argumente zur Mediennutzung sammeln* • *Nachrichten schreiben und lesen* • *Unterschiede von digitalen Nachrichten und analogen Nachrichten erkennen und bewerten*

Kompetenzübersicht

Kapitel und Leitperspektive	Kompetenzbereich: Sprechen und Zuhören	Kompetenzbereich: Texte verfassen	Kompetenzbereich: Sprache untersuchen	Kompetenzbereich: Richtig schreiben	Digitale Kompetenzen
Seite 81–100 Kapitel 5: **lesen – hören – sehen** Leitperspektive: Medienbildung	• *über Lernerfahrungen sprechen **(Bericht)*** • *funktionsangemessen sprechen: beschreiben, erzählen* • *sich an Gesprächen beteiligen* • *szenisch spielen* • *über Lernerfahrungen sprechen* • *eigenen Lernstand einschätzen und Lernschritte planen*	***Berichte*** planen, schreiben, überarbeiten und präsentieren • *Texte planen: Schreibabsicht, Schreibsituation, Adressaten, Verwendungszusammenhang und Textsorte klären* • *Texte planen: wichtige Informationen zusammentragen* • *Texte schreiben: nach Anregung eigene Texte schreiben* • *Merkmale von Texten nachvollziehen und anwenden* • *informierenden Text schreiben: Bericht* • *Lernergebnisse geordnet festhalten* • *Textproduktion durch die Anwendung von sprachlichen Operationen unterstützen* • *Texte präsentieren: digitale Präsentation*	***Satzglieder*** kennenlernen und verwenden • *mit Sprache spielerisch umgehen* • *sprachliche Operationen kennen und nutzen:* **Busprobe** *(Vorfeldprobe)* • *Struktur von Sätzen erkennen* • *Sätze mit Satzgliedern erweitern, Sätze kürzen* • *sprachliche Operationen verwenden: Ergänzen, Weglassen, Umstellen* • *Bedeutung des Prädikats für die Struktur des Satzes und die Satzglieder kennenlernen* • *sprachliche Begriffe kennen und verwenden: Satzglied, Prädikat, Subjekt, Objekt, genauere Bestimmungen*	Rechtschreibstrategien verwenden: ***Verlängern*** • *Rechtschreibgespür entwickeln* • *über Fehlersensibilität verfügen* • *Lautqualität prüfen: Wörter mit s-Laut am Wortende* • *Rechtschreibstrategien kombinieren: Verlängern, Vokallänge prüfen* • *methodisch sinnvoll abschreiben* • *rechtschreibwichtige Wörter normgerecht schreiben* • *Übungsformen selbstständig nutzen* • *Wortschatz erweitern und selbstständig üben*	• *digitale und analoge Berichte recherchieren und vergleichen* • *Medien beschreiben und begründen, wann welche Medien genutzt werden* • *Inhalte von Medienangeboten wiedergeben* • *Texte mit dem Computer/Tablet schreiben und gestalten, auch audiovisuell* • *Rechtschreibprüfung des Computers nutzen* • *Texte digital aufbereiten und präsentieren, z. B. Nachrichtensendung, Video*
Seite 101–118 Kapitel 6: **träumen – fragen – nachdenken** Leitperspektive: Lebens- und Berufsorientierung	• *über Lernerfahrungen sprechen **(Interview, Klassenzeitung)*** • *funktionsangemessen sprechen: erzählen, argumentieren* • *sprachliche Mittel und Ideen sammeln* • *eigene Meinung darlegen und im Gespräch gegenüber anderen vertreten* • *Anliegen mit anderen diskutieren und klären* • *Gesprächsregeln gemeinsam festlegen und beachten* • *gemeinsame Lernvorhaben planen und umsetzen **(Redaktionskonferenz)*** • *über Lernerfahrungen sprechen* • *eigenen Lernstand einschätzen und Lernschritte planen*	***Interview*** planen, schreiben, durchführen und überarbeiten • *Texte planen: Schreibabsicht, Schreibsituation, Adressaten, Verwendungszusammenhang und Textsorte klären* • *Texte planen: Fragen sammeln* • *Texte schreiben: nach Anregung eigene Texte schreiben* • *informativen Text schreiben: Interview* • *flüssig und gut lesbar schreiben* • *Texte veröffentlichen: Klassenzeitung* • *Textsorten kennen und bewusst auswählen* • *Kriterien für Textsorten kennen und anwenden* • *mit Schrift gestalten* • *Lernergebnisse kreativ präsentieren*	***Sätze, Satzarten*** und ***Satzschlusszeichen*** kennenlernen, ***Zeichen der wörtlichen Rede*** kennenlernen • *grundlegende sprachliche Begriffe kennen: Satz, Punkt, Frage, Fragezeichen, Ausruf, Aufforderung, Ausrufezeichen* • *Satzschlusszeichen setzen: Zeichen der wörtlichen Rede* • *grundlegende sprachliche Begriffe kennen: wörtliche Rede, Begleitsatz*	***Worttrennung am Zeilenende*** kennenlernen • *Trennungsregeln kennen und anwenden* • *über Fehlersensibilität verfügen*	• *Unterschied zwischen Online-Nachrichten und analogen Nachrichten (Zeitung) erkennen* • *Sensibilität im Umgang mit Rechten anderer entwickeln* • *über Datenschutz nachdenken* • *Grenzen der Veröffentlichung kennenlernen und reflektieren (Wer darf was warum schreiben bzw. zeigen?)*

Kapitel und Leitperspektive	Kompetenzbereich: Sprechen und Zuhören	Kompetenzbereich: Texte verfassen	Kompetenzbereich: Sprache untersuchen	Kompetenzbereich: Richtig schreiben	Digitale Kompetenzen
Seite 119–140 **Tipps zum Schreiben und Lernen**	• *Redaktionskonferenz* • *Detektiv-Ohr* • *Überprüfungs-Ohr* • *Entdeckungs-Ohr* • *Lese-Vortrag* • *Gedächtnistricks* • *Lernprofi* • *Lerngespräche führen* • *Knack den Code*	• *So geht es: Sachtext* • *So geht es: Anleitung* • *So geht es: Gedicht* • *So geht es: Lügengeschichte* • *So geht es: Bericht* • *So geht es: Interview* • *Titelblatt* • *Fotocomic* • *Info-Box* • *Info-Blatt* • *Plakat* • *Geschichtenpfad nutzen* • *Inhalts-Check*	• *Satz des Kapitels*	• *Inhalts-Check* • *Rechtschreib-Check* • *Satz des Kapitels* • *Wörtertraining* • *Wörter unter der Lupe* • *Gedächtnistricks* • *Wörter nachschlagen* • *Richtig abschreiben*	• *Fotocomic* • *Erklärvideo* • *Text formatieren*
Seite 141–155 **Wörterliste**					

PASSWORT

LUPE

Sprachbuch 4

Erarbeitet von
Olesia Belenko, Osnabrück
Ursula Emanuel, Nordstemmen
Marie-Claire Kirchhoff, Koblenz
Kerstin Schöning, Offenburg

Unter wissenschaftlicher Beratung von
Prof. Dr. Tabea Becker, Hannover

Illustriert von
Cesare Asaro, Wien
Matthias Berghahn, Bielefeld
Zapf, Wien

Bildquellen: |Amrein, Nicole: 29.5, 29.6, 29.7, 29.8, 29.9, 29.10, 29.11, 29.12, 126.7, 126.8, 126.9. |fotolia.com, New York: Kaarsten 129.2, 130.1. |Kirchhoff, Marie-Claire, Koblenz: 23.1, 129.1. |Stapper, Michael, Berlin: 28.1, 29.1, 29.2, 29.3, 29.4, 29.13, 29.14, 29.15, 29.16, 40.1, 68.1, 101.1, 101.2, 120.1, 120.2, 126.1, 126.2, 126.3, 126.4, 126.5, 126.6.

Textquelle: S. 46 Paul Maar – *Sägen sägen* – Aus: Hans-Joachim Gelberg (Hrsg.): Überall und neben dir. © 1986, 1989 Beltz Verlag, Weinheim und Basel

Druck A[3] / Jahr 2025
Alle Drucke der Serie A sind im Unterricht parallel verwendbar.

Redaktion: Nicole Amrein
Gesamtlayout: blum design und kommunikation GmbH, Hamburg
Umschlaggestaltung: blum design und kommunikation GmbH, Hamburg; mit Illustrationen von Zapf
Layout: PER Medien, Braunschweig
Druck und Bindung: Westermann Druck GmbH, Georg-Westermann-Allee 66, 38104 Braunschweig

ISBN 978-3-14-**141400**-4